ひらがな学習から広がる学び合い

# 話すこといっぱい 書くこといっぱい

佐藤 美知子

本の泉社

# はじめに

## 話すこといっぱい、書くこといっぱい

入学を楽しみにしていた一年生は意欲にあふれています。学校という社会に初めて足を踏み入れた一年生ほど、体全体で精いっぱい自分を表現する学年はありません。同年齢の子どもたちと話しことばや書きことばを交わすことで、子どもは自分の体験や生活・感情を想起し豊かにしていきます。また未知の世界に疑問をいだき、ことばを駆使してものごとの実態をつかもうとします。このような集団の学び合いのなかで、感情やコミュニケーション能力が豊かになり、学力の基礎が培われていきます。

一年生の学習の最初の大きな山の一つは、かな文字学習です。近年、かな文字は書ける子どもたちが増えています。ほとんどの子どもが書けるようです。かな文字が書けることは子どもにとっては喜びです。あれも書ける、これも書けると得意になって言うでしょう。反対に、小学校に入るのだから、ひらがなぐらい書けなくてどうするのと、練習させられて、もう書くのはやだと思っている子どもも少なくありません。

ここで、ひらがながどのようなしくみになっているか見てみましょう。

「あいうえお」の五十音は清音つまり濁りのないかな文字です。濁りのある文字（濁音）、はねる音の文字（撥音）、つまる音の文字（促音）、伸ばす音の文字（拗音・長音）があります。母音と子音の組み合わせがあり、音の長短があります。大人にとっては当たり前になっていることですが、子どもたちは、日本語の持っている特徴やしくみをこれから学習していくのです。

教科書は文部科学省が定める学習指導要領に沿って作られています。大体の教科書では、五月〜六月には、

助詞の「は」「を」「へ」を使って文を作り、その後にまた清音や濁音・長音・拗音の単語を学習し、一学期でほぼひらがなの学習が終わるような内容になっています。かなりのハイスピードです。

一年生がかな文字を学ぶということには、ただ単にひらがなが書けるようになればいいというものではなく、次のような意味があるのです。

（a）ことばを感情と結びつけて豊かにすること

（b）自分の思いや感動を伝え合う、相互に共感しあえる人と人のコミュニケーションを豊かにすること

（c）見たこと、感じたこと、学んだことを書きことばで表現することができるようになること

ですから、かな文字学習を文字が書けるようになればいいと思ってしまうことは、子どもたちが、人間が築いてきた文化や科学、芸術の世界への入り口に立つという、大切な発達的な意味を置き忘れてしまうことなのです。

子どもが豊かに育っていくために大切にしていることがあります。

1　たっぷり豊かなことばの世界を

2　ぶつぶつ独り言は思考の始まり

3　自分のことばで表現できる子に

4　共感的な親子関係を

5　教師はコーディネーター

ことばを教え込むのではなく、ゆったりとした人と人との信頼と安心感のなかで、ことばは子どもの体と心の中に入っていくものです。このようにして獲得されることばは、子どものなかで考え（思考）や想像力のもとになっていきます。

## 1　たっぷり豊かなことばの世界を

（1）教室に入ると、子どもたちがわあっと寄ってきます。話を聞いてほしいのです。家であったことや遊んだこと、虫のことやけがしたことなど、話したくてしかたないのです。始まる前の朝の時間や休み時間に、「そう、そうなの」とあいづちを打ちながら、一人ひとりの話を子どもと同じ目線で聞いてやります。良い聞き手は良い話し手をつくると言います。聞くことで、子どもは、自分のことをどんどん話してくるようになります。

（2）子どもが何気なく言ったことばを声に出して子どもたちに伝えてやります。それを文字に書きみんなで音読します。ことばあそびや各地の子どもたちが書いた詩も声に出して読んだり、書いたりします。ことばあそびでは、椅子に座ってじっとなどしていません。体をはずませ、ことばのリズムを楽しみます。

（3）絵本や物語の読み聞かせをたくさんするといいです。私の場合は、床に座って教師のまわりに子どもたちを集めて静かに読んでやります。クラス全体に読むだけでなく、図書室に行き、「先生、これ読んで」と持ってきた本を数人の子どもたちと読むこともあります。先生の声で昔話やお話を語ってやると、心地よい時間が流れます。絵本を仲立ちにして子どもと一緒に共有できる時空をもつことで、ことばはいっそう豊かになります。

## 2 ぶつぶつ独り言は思考の始まり

何人かで何かものを作っている時や遊んでいる時など共同の活動のなかで、子どもはぶつぶつ独り言のように言うことがあります。相手の理解を求めて反応を待っているのかと思うとそうではありません。まわりから反応があっても、自分に向かってしゃべっているような感じです。授業のなかでも、お話を聞いている時、物語を読んでいる時など、何を言っているのか聞き取れないのですが、独り言を言っている様子を見ることがあります。この独り言が一年生にはとても大事なのです。このことばはやがて、自分で自分に語りかけることばへと変化していきます。子どもどうしがぶつかり合うような活動、子どもの予想を超えた体験に出合うと、子どものなかで、それまでとは違う感情や考えが生まれてきます。自分に語りかけることばが子どものなかで自分を作り、その子らしい考えから、外の世界に向かってことばを生み出していくからです。

## 3 自分のことばで表現できる子に

(1) 昨日したことや先生に話したいことを絵に描いてお話する時間をたっぷりとります。ひらがなを習い終わると早く書かせたくなります。ちょっと待ってください。子どもが、ひらがなを覚え文字を使って文を書くとはどういうことなのでしょうか。ひらがなは単なる記号ではありません。この文字の一つ一つに感情や生活が結びついていることを身につけてもらいたいのです。書くとは、自分を表現することです。どの子も自分を表現したいと思っています。書くことが表現の喜びと一緒になるように、書きたい気持ちを大事にします。

(2) ひらがなのおけいこや教科書に載っている文の写し書きばかりしていると、作文はこのパターンで書けばいいのかと思いこんでしまいます。最近では、読解力の向上と称して、始めに書く文・真ん中に書く文・最後に書く文を示して、これに当てはめて書けば全員が書けると推奨している書物も見受けられます。たどたどしくても、その子の気持ちがあふれている文に出合うと、子どもっていいなと思います。

(3) 書きたくないことを書かせられることほど苦痛なことはありません。書きことばは、話をするのとは違って、なかなか思うようには書けません。目の前に書こうとしている相手がいません。自分の頭のなかで相手を想定して、文を組み立てていきます。一文であっても、書けたことを喜び、書かれた内容に共感し、みんなの前で読んでやることで、次への意欲へ結びつけます。

## 4　共感的な親子関係を

子どもは赤ちゃんの時、抱かれている温もりと身を任せられる安心感のなかで、眼差しや指さし、ことばにならない声を発します。親は、子どもを丸ごと受けとめ、欲しているだろうと思うことや伝えたいと思うことを子どもに寄り添って、ことばにして語りかけます。このような相互の関係のなかで、人間に対する信頼感が育てられていきます。

一年生になった子どもたちは、それまでの生活環境との違いに、戸惑いつつも、先生の言うことを聞こう、友だちをつくろう、約束は守ろうとして一生懸命です。親の期待にも応えようとがんばっているのです。でも、がんばりきれなくて、泣いて帰ることもあります。そのときこそ、叱咤激励や他の子どもへの攻撃ではなく、子どもの思いを受けとめ、この子の不安を抱きとめてほしいと思います。

## 5　教師はコーディネーター

一人のことばや話をみんなのものにしていくために、学級では教師はコーディネーターの役割を果たします。子どもが綴ったものを学級通信や一枚文集にして文字にし、読んでやると、一人の子どものことばから、さまざまな体験が語られます。この子どもたちの生活経験の交流がやがて子どもたちどうしに見えないつながりをつくり、自分を表現していく意欲を育てていきます。通信や文集は、親も読みます。学級のさまざま親や大人と子の出会いは、新しい世界に目を開かせてくれます。子どものことばと生活が織りなす表現から生まれる親・子どもたち・教師のコミュニケーションが、子どものことばをさらに豊かにし伸ばしていきます。

※実践記録の一部は保護者の了解のもとに仮名にしてあります。また、終章は、第五八回作文教育研究長崎大会において、「参加者のみなさん」をまとめたものです。

# 目次

# 第1章 文字―音―気持ちがつながって
## ――文字学習とことばあそび

### 1　入学の日からことばの授業

○あ、きょうから　いちねんせい
○んとん　ともだち　つくろうや
○れしさ　いっぱい
○んな　にこにこ
○ょっぴり　どきどき
○んにちは

入学式が終わって教室に戻ってきました。子どもたちは疲れ気味です。教室には父母・祖父母・兄姉と子どもの数よりも多い大人たちが、椅子に座っている子どもたちをぐるりと囲んで、我が子と担任を見つめています。緊張気味の子どもたちですが、これから始まろうとしていることに目を輝かせています。

入学の日から、「ことばの授業?」です。黒板に画用紙を貼っていきました。○には何も書いてありません。「えっ、なに?」「あっ、わかった!」早く言いたがっている子、なんだかわからなくて親の顔を見ている子、となりの子をつついている子……教室がざわめいてきました。最初の○に「さ」を入れてみます。もうわかってきました。「次は、なにかな?」クイズのように子どもたちにきいていきます。横に並んだ文字を読むと、「さとうみちこ」の名前が出てきました。「やったあ」「やっぱり」子どもたちは大喜びでした。「つくろうやなんて大阪のことばみたいだ。」と言う子もいました。子どもはことばに敏感です。みんなで声を出して読んでいきました。

次に絵本の読み聞かせをします。絵がはっきりしていて、くり返しのおもしろさのある絵本を選びます。しかけ絵本『きいろいのはちょうちょ』(五味太郎作　偕成社)は、少し小ぶりの絵本ですが、黄色いのはちょうちょかなと思ってページをめくるとちがう、またページをめくるとちがう、というように何だろう何だろうと追いかけていく面白さがあるので一年生らしいと思いました。かつて学校の帰りにチョウチョを見つけてどこまでも追いかけていって、「うちの子、帰ってこないんですけど……」と電話がかかってきたことがあったのを思い出していました。絵本のあと、一人ひとりの名前を呼びながら、握手をしていきました。冷たい手、暖かい手、縮こまっている手、ぎゅっとにぎり返す手……子どもたちの数だけ手の温もりがあります。

気分ほぐしにわらべうたの中にある指遊びやジャンケン遊びなどもします。保育園や幼稚園で習ってきた「このくらいの　おべんとばこに　おにぎり　おにぎり　ちょっと　つめて　にんじんさん　ごぼうさん　あなのあいた　れんこんさん　すじをとーった　ふーき」などは、お弁当箱の大きさをアリにしたりゾウにしたりして楽しみます。「たけのこ　めーだしたー　はなさきゃ　ひーらいた　はさみでちょんぎるぞ　えっさえっさ　えっささ」でジャンケンをします。机に隠れて、だんだん上へ出てくる動作をし、「えっさ」のところでは両手をぐるぐる回してジャンケンです。先生とジャンケンをするのですから、「かったー」「まけたー」大騒ぎです。入学式では、学校は楽しく勉強するところだという気持ちを子どもたちと親御さんたちと共有できるように考えて工夫します。

教室にはいつでも読めるように絵本が置いてありました。『ねえ、どれがいい?』(ジョン・バーニンガム作　理論社)を読んだときのことです。入学して一週間たったころでした。教室や外で何かの音や物が動く気配がすると、すぐに跳んでいって席をはなれてしまう子どもたちなので、楽しんでくれるだろうと思って読み始めました。「お城で食事、気球で朝ご飯、川でおやつ　ねえ、どれがいい?」と問いかけますと、「お城がいい」「気球がいい」「川だったら食べられない」あちこちで自分は何がいいかしゃべります。「ヘビにかまれるのと、魚にのまれるのと、ねえ、どれがいい?」「えーっ、やだ」「両方ともやだ」「どっちか選ぶとしたら、どうする?」選択のくり返しに飽きてしまった子どももいましたが、読み手の教師と子どもたちと問いかけ問答のように楽しみました。

## 2　一日一文字　ゆっくりと

やりたがりやの一年生と、一つの文字からさまざまな情景や感情をくみ取り、子どもの体験をことばにのせていくと、楽しいひらがな学習ができます。日本語のもっているリズムや、ことばが感情や生活と結びついていることの発見は、子どもにとって大きな喜びとなります。これから文を書いていく上で、文字が実感と体験を表していることに気づいていくことが、基礎的な力になっていきます。

## 五十音を教える順序は?

文字学習には、母音の「あいうえお」から入り子音へと移っていく方法、画数の少ない文字から入り、慣れてきたところで母音の学習に入る方法などがあります。母音からの学習では、「あ」の文字を書くのが子どもには難しいようです。ここをクリアーすれば、母音と子音の組み合わせで単語を作っていくことができます。一方、画数の少ない文字から順次指導していくのは、「つ・く・し」の「つ」のように、一回でかけるので、初めて文字を書くことへの抵抗感を和らげる意味があります。

「つくし」から文字の学習を始めるのには理由があります。つくしは身近にあり、つくしとりやすぎなさがしなど、生活科と結びついた学習も可能です。また、つくしをとったことや食べた経験、つくしにまつわることから話はそれて、「つ」と「く」から「くつ」のことばが出てきて、そちらへ話は移っていきます。子どもたちの身近な体験談の広がりでひらがな学習は楽しくなります。

私は、「つくし」の「つ」から入りました。つくしはまだ身近にあります。「さがしてごらん」の声に答えて翌日には摘んできてくれる子がいます。しばらく置いておくと、「緑の粉があるよ」発見もしてくれます。生活科の時間には校庭にもつくしが生えているところがあるのを子どもに教えられました。一回で書ける文字というだけでなく、文字が身近なものと結びついていることや、一つの文字から子どもの活動が広げられることが理由です。

文字は、一日一文字ずつ学習するようにします。ひらがなは一文字一音節の文字です。一つの文字の音・発音・その文字がつくことばを集める・実物を見せる・空中書きや体書きなども取り入れながら、文字指導をしていきます。

■ひらがなの練習には、B４一枚に、その日に習う文字とことば・絵が書いてあるものを使います。ことば集めは、ひらがなを書くのに慣れてきたころから始めます。それまでは子どもたちが言ったことばをくり返しみんなで一緒に唱えます。

一日一文字ずつ習う順序は次のようにしてみました。

①「つ」「く」「し」「へ」「て」「そ」「の」「ろ」「ん」「ひ」

一回で書ける文字です。止めとはらいができるように練習します。十文字習ってくると大分指の動かし方も慣れてきます。習った文字は、一枚ずつカードに書いて貼っていきます。ことば集めでは、習った文字は書き、習っていない文字は●で表しました。子どもが言ったことばは全部黒板に書いて一緒に読んでいきます。

②「こ」「い」「に」「り」「た」「も」「け」　向かい合わせ、はねる書き方。

③「と」「う」「ち」「ら」「え」　二回で書ける文字。

④「す」「な」「ぬ」「ね」「は」「ほ」「ま」「み」「む」「よ」「る」　小さく丸めて書く。

⑤「あ」「お」「め」「や」「ゆ」「わ」　指を回して書く。

⑥「か」「き」「さ」「せ」「ふ」「れ」　バランスのとりにくい文字。

⑦「を」　くっつきの「を」として文を考えさせながら教えます。

## 単語から文へ

「を」は、書くより前に文でお話をしながら教えました。私の顔の絵とスイカの絵カードを貼ります。二枚の絵を見てどんなお話ができるか言ってもらいます。「みちこが　すいかをたべようとしている。」「みちこが　すいかをたべた。」「みちこが　すいかをたべて　たねをすてた。」「みちこが　すいかをスプーンホークでたべようとしている。」「みちこが　すいかをきろうとしている。」「みちこが　すいかをおいしそうにたべている。」ここで、単語と文ということばを教えます。次に自分のことで文を作って話してもらいます。

「は」の学習では単語の「は」と、助詞の役割をする「は」を教えます。まほうの「は」、変身する「は」、くっつきの「は」のように単語の時と助詞になるときでは文字は同じでも音が変わることを見つけます。男の子と女の子の顔が描いてある絵札をそれぞれ黒板に貼ります。その絵札の下に「は」と書きます。

ぼくは　きょうりゅうを　つくった。
ぼくは　けんだまが　うまくなった。
ぼくは　さっかーの　しあいにでた。
ぼくは　はなまるが　おおくなった。
ぼくは　まえは　ふらふうぷができなかったけど　できるようになった。
わたしは　うんていが　すき。

わたしは　ほねほねまんです。
わたしは　おうしざです。
わたしは　こくごの　のーとで　べんきょうするのが　だいすき。
わたしは　きょう　たんじょうびです。

ここで、単語・文・に加えて、文の頭（主語）と文の足（述語）を教えます。くっつきの「は」は文の頭（主語）を作ることができるのです。絵札をお母さんやお父さん、おばあさん、おじいさんなど変えながら「は」を使って文を言ってもらいます。文字指導ではたくさんの絵札を使います。私は必要な絵札は自分で描きました。板目紙の半分にクレパスで、遠くからでもはっきり見えるようにしました。

## 3　リズムと気持ちを生み出すことば

### ①「つ」でことばあそび

「つくつくつく　くっつくよ　なにが　くっつく?」と、リズムよく問いかけます。次々にいろいろな物が飛び出してきます。くっつきかたも違うことばで表現していきます。

つくつくつくつく　くっつくよ
　のりが　ぺちゃって　くっつくよ
つくつくつくつく　くっつくよ
せろてーぷが　ぺたんと　くっつくよ

つくつくつく　くっつくよ
がむが　べちょって　くっつくよ
つくつくつく　くっつくよ
じしゃくが　かちっと　くっつくよ
つくつくつく　くっつくよ
がむてーぷが　ぺったんと　くっつくよ
つくつくつく　くっつくよ
ばったが　ぴょうんと　くっつくよ
つくつくつく　くっつくよ
かまきりが　ぶうんぴたって　くっつくよ

「つーは　つらいの　つ」
つらい・つばめ・つる・つばき・つめ・つみき・つばさ・つり・つき・つりざお・つくえ・すごいつりざお・つきみ・ふるいつりざお・あたらしいつりざお・おつきみこうえん・ながいつりざお・えんぴつ・きつね・きつねどん・つりばし・つねる・つっつく・くつ・なつ・つくし・ひなまつり・かみつく・つなひき・きつつき・くっつくこうげき・ろけっとづつき・おむつ・ざつ・しいつ・づがいのかせき・づがいどす・おさつ・ぱんつ・あいつ・つち・つるむ・はがねのつばさ・つらら・みじかいつりざお・つえ・くつした・つばさでうつ・つばめがえし・つまずく・みかづき・つゆ・おしょうがつ・つくる・にんじゅつ・つぼ・しんくうのづつき・もろはのづつき・はねつき・さいみんじゅつ・かげぶしんのじゅつ………

黒板がいっぱいになったところで、手拍子でリズムをとりながらみんなで読んでいきます。そのうち机の上に乗り、踊り出すように声を出す子も出てきます。みんなで声を合わせて読んでいく心地よさが味わえると思います。

## ②「へ」と「そ」で詩？

へそのうた

ぼくの　へそ
くしゅ　くしゅ　くしゅ
わたしの　へそ
くるりん　りん
とんがった　おへそ
よこむき　おへそ
ぺちゃんこ　おへそ
みんな　みんな
かあさんと　つながっていたんだよ

これは私が作った「へ」の詩です。「今日習うのは、へその　へ　」というと、さっそく服をまくって自分のへそをのぞき込む子が出てきます。への文字を始める前に黒板に書いて子どもたちと読んでいきました。

「そ」も同様に私が作った詩を一緒に読んでいきました。

そろそろ　そわそわのうた

そろそろ　すいたぞ　おなかが　ぐー
そろそろ　たべたい　ひるごはん
そろそろ　あるいて　のぞいたら
かあさん　おむれつ　つくってた
たまごが　やけたぞ　ふらいぱん
そわそわ　むずむず　いいにおい
いただき　まーす　おむれつ　ぱくっ

これを書いたときは、子どもの体はじっとしていられず、お腹を押さえたりパクッと口にほおりこんでモグモグしたりしていました。「そ」の字のつく絵札を見せてから、ことばを言ってもらいました。その後、出てきたのが、「そらは　なんで　できている？」の質問でした。「そらは　なんで　できている？」に続けてみよう」の問いかけに子どもたちが言ったことばを黒板に書いて並べてみました。

そらは　なんで　できている？
うちゅうで　できてるよ

ちきゅうで　できてるよ
あたたまった　ちきゅうで　できてるよ
きりで　できてるよ
あめで　できてるよ
くもで　できてるよ
にじで　できてるよ
しぜんで　できてるよ
たいようで　できてるよ
そらは　たいようが　でるために　あるの
そらが　ないと　いき　できない
そらが　ないと　おはなが　かれてしまうもの
ねえ、そらは　どうやって　できたんですか？

空の広さに負けないくらい子どもの世界の広さを感じます。こうやって子どもたちが言ったことばを集めてみると、リズムがあり一つの詩になっています。

### ③「ひ」と「く」をくっつけると

なにを　ひく？
たからくじを　ひく

どあを　ひく
かぜを　ひく
でんきの　ひもを　ひく
ぴあのを　ひく
つりざおを　ひく
かもつを　ひく
きしゃが　きゃくしゃを　ひく
なっとうの　いとを　ひく
くるまの　いすを　ひく
いとを　ひく
ふとんを　ひく
くもの　いとを　ひく
くるまの　どあを　ひく

実にたくさんの「ひく」が出てきました。一つの文が発表されると、それにまつわる経験が話されます。同意する子や初めて聞くことばに驚く子もいます。それまで、生活経験のなかで使っていたことばが、他の子どもの発言によって一つの文になることを学びます。同時に、自分の生活体験が想起されるのです。「ひ」と「く」を組み合わせると、「ひく」ということばができます。「〜〜をひく?」と問うと、右のような文を言ってくれました。

一つ一つの文には、子どもの体験や生活があります。「汽車が客車を引く」には、実際に汽車を見て、客車を引いている時の情景、汽車の力強さ、すごいなあと感じている気持ちが浮かび上がってきます。「納豆の糸を引く」には、納豆をかき混ぜて糸をひいてる様子、にぎやかな食卓の様子が浮かびます。「風邪をひく」には、風邪を引いて熱が上がり医者へ行った時のこと、お母さんが優しくしてくれたこと、寝てばかりで遊べなかったことが、思い出されます。誰かが言ったことばを文字に書いて読むことで、自分の体験が思い出されてくるのです。

## ④　驚きの「あ」、がっかりの「あ」

たった一文字に感情がこめられ、ことばとして発せられることがあります。「あ」はその代表といえます。特に「あ」を最初に取り上げるのは、母音の最初であり、感情がこめられていてそのときの場面を子どもが思い出すことで、感情（気持ち）と場面（事実）を結びつけることができるからです。ここでは、「あ」「い」「む」「し」の文字でことばあそびをしたときのことを書いてみます。

「あ」を書くのは難しいのです。ひらがなに大分慣れてきたころにやります。

「○つい　○しが　○つい
　くつが　もえている」

この○の中に入る文字は何かを当てるところから、授業は始まりました。このことばは、あまりの暑さで靴の中がものすごく熱くなったのをこう一君が思わず言ったことばです。

新しいひらがなを学習するときに、子どもが何気なく発したことばがいつでもヒントになります。

最初に私が、「あ　つばめが　とんでいた」と言いました。その日の朝、私がちょうど玄関を出た時に見た光景です。「あ」のとなりに、「あ」と書きました。子どもはすぐに「あ　てんじょうが　やぶれてる」「あ　てんじょうに　あなが　あいている」と言いました。教室の天井のボードを見て言ったのです。そのうち、「あ　にじますが　つれた」と自分の体験が出されてきました。「お父さんと　つったんだよ」そのときの話も付け加わってしだいに教室はにぎやかになりました。こんなふうにして言ってもらったことを書き足していきました。一つの文字が意味を持って、子どもたちが実際にやったことやあったことを思い出させているのです。

あ　てんじょうが　やぶれてる
あ　てんじょうに　あなが　あいている
あ　さかなが　つれた
あ　にじますが　つれた
あ　ありさんが　いる
あ　ふんすいに　にじが　かかっていた
あ　はちが　いる
あ　せんせいに　あった
あ　すべりだいで　てんとうむしを　みつけた
あ　さんわで　ふみやくんに　あった
あ　いぬだ

あ　えきで　おおいしゆねさんが　いた
あ　さんわに　ふうせんが　とんでた
あ　もうすぐで　こくごの　べんきょうが
　はじまる
あ　かなぶんが　あたまに　おちてきた
あ　ぼーとに　のっていたら　いしに　ぶつかった
あ　とりの　はねが　おちてきた　しんでるかと
　おもった
あ　くるまに　ぶつかる

ここまできて、「あ　が　あああ　になると、どんな感じになるかな?」と問いました。「あああ」と続けて書きます。すると、次のようなことが出てきました。

あああ　せっかく　いおうと　おもったのに
あああ　おもいでの　しゃしんが　はむすたあに
　かじられちゃった

「あ」が三つ重なると、全く違う感情を表すことに気づきます。がっかりした気持ちになります。すぐさま、子どもはこの気持ちを引き取り、そんな気持ちになった体験を言ってくれました。たった一文字の「あ」ですが、人間の感情のゆれ動く様を表してくれます。この授業では、二つは扱いませんでしたが、「あ」が二つだとまた違ってきます。『お手紙』（アーノルド・ローベル）には、「ああ」が二回出てきますが、同じ気持ちではありません。子どもたちから出されたことばや文を最後にみんなで声を合わせて読んでいきました。「あ」の時と「ああ」では、声の調子が違っていて、子どもは体でこのことばを受けとったことがわかります。（＊『お手紙』は平成十七年版の教育出版では一年下、光村図書出版では二年下に入っています。）

⑤　いいなの「い」

黒板に

いいな　いいな

（　　　　）て　いいな

だって（　　　　）だもん

と書きました。「（　　　　）の中に、何かことばを入れてみて」と言うと、ちょうど、『にんげんていいな』を朝の歌で歌っていたこともあって、この歌が聞こえてきました。そこで、（　　）の中に（にんげん）と書きました。「だって（　　　　）だもん」には、どんなことばが入るかな？」

この問いに子どもはすぐに答えてくれました。

いいな　いいな　にんげんて　いいな

だって　あたまが　いいんだもん

だって　いきているんだもん
だって　おかあさんに　みまもられて　いるんだもん
だって　0さいの　ときから　およげるんだもん
だって　いきているあいだ　いろんな　じんせいが　あるんだもん
だって　としが　きまっているんだもん
だって　おかねが　あるんだもん
だって　じが　かけるんだもん
だって　おかあさんに　だっこ　できるんだもん
だって　おいしい　ごはんが　たべられるんだもん
だって　ひゃくさいまで　いきられるんだもん
だって　ひこうきで　ほかの　くにに　いけるんだもん
だって　じゅっさいも　いきられるんだもん

こうしてできたことばあそびのうたは、子どもたちと教師の合作として掲示したり通信で知らせたりしていきました。子どものことば一つ一つに六歳、七歳の人生を感じてしまいます。

四月から五月はどこの学校でも健康診断や予防注射があります。一年生の子どもにとっては学校でおこなう検診のすべてが興味津々です。そのときの子どもの驚きをとらえて文字学習とつなげていくと、子どもの体験が文字学習に生かされていきます。

## ⑥　喜怒哀楽の「し」と「む」

人間には喜怒哀楽というようにさまざまな感情があります。一年生の子どもも、それまで育ってきた数年間に嬉しいことも悲しいことも経験してきたのです。一人の人間に無数の気持ちがあること、それを出すことは恥ずかしいことではないこと、みんなの中に出すことで他者へ共感することもできるようになります。

しあわせの「し」

- 映画を見ている時
- ゲームをしている時
- 食べている時
- いいことがある時
- いい夢をみている時
- 海をながめている時
- 寝ている時
- ランドセルを買ってもらった時
- 旅行に行った時
- 何か買ってもらった時
- おばあちゃんのうちに行った時
- 友だちのりょうたくんちに行った時
- 家族みんながいる時
- 友だちの家にいる時
- 沖縄に行った時
- 誕生日の時

家族や友だちとかかわりがあるときに幸せを感じています。海をながめている時には、家族の中に静かでゆったりとした時間が流れているように感じます。ランドセルを買ってもらった時には、一年生になる喜びがあふれています。一年生に「ねているとき」などと言われると、つかれているのかしらと思ってしまいます。

人間ですから、いやなこともあります。「むかつくことってあるの?」と問いかけると、出るわ出るわ。黒板に書ききれないほどになってしまいました。

むかつくの「む」

- お父さんに　おこられた。
- 先生におこられたとき。
- ぶすと、いわれたとき。
- 自分は、やっていないのに　やられたとき。
- 話しかけているのに、話してくれない。
- お母さんにおこられたとき。
- だれかわからない人に、せなかをたたかれた。
- 話ししようといっても、しらんかおをされた。
- あそぼうといっても、あそばなかった。
- 石につまずいた。
- やめてといっても、たたかれた。
- 字がむずかしいとき。
- みんなにおくれているとき。
- かけっこで一ばんになれないとき。
- 学校の準備を教えてくれないとき。
- けがをしているのに、何もいってくれない。

理不尽なことに対して子どもは怒っているのです。受けとめてくれないことに不満を感じているのです。自分だけが置いて行かれるのではないかと、不安になっているのです。「むかつく」のことばの中にこめられている不満や不安、正当な怒りを受けとめてやらなければならないと思うのです。

**⑧　あいうえおのうた**

ひらがな学習がほぼ終わるころ、「あいうえお」のうたを作ってみるのも楽しいです。教科書だけでなく、『あいうえおうさま』（寺村輝男作　理論社）を読んでやるのもいいと思います。次にあげるのは子どもたちと作ってみたものです。

あいうえ　おおきな　おならが　ぶっ
あいうえ　おおきな　はなびが　どん
あいうえ　おおきな　じぇっとき　ごう
あいうえ　おおきな　いんこが　ぴい
あいうえ　おおきな　じしんが　がた
あいうえ　おおきな　いしころ　ごろ
あいうえ　おおきな　ぞうさん　どしん
あいうえ　おおきな　せんせい　がみがみ
あいうえ　おおきな　くもが　ふわふわ
あいうえ　おおきな　いんせき　どかあん
あいうえ　おおきな　えんばん　ぴゅう
あいうえ　おおきな　うんこが　ぼとん

あいうえ　おいしい　すてーき　きこぱく
あいうえ　おいしい　どうなつ　もぐもぐ
あいうえ　おいしい　きゃんでぃ　ぺろぺろ
あいうえ　おいしい　くっきい　さくさく
あいうえ　おいしい　じゅうすを　ごくごく
あいうえ　おいしい　ようかん　ぷるりん
あいうえ　おいしい　はんばあぐ　ばぐばぐ
あいうえ　おいしい　ぷりんが　ぷるぷる
あいうえ　おいしい　きゅうりを　こりこり
あいうえ　おいしい　ようぐると　ごくり
あいうえ　おいしい　けろっぐ　かりかり
あいうえ　おいしい　すうぷを　じゅるじゅる

かきくけ　こわいな　おばけが　どろろ
かきくけ　こわいな　らいおん　がお
かきくけ　こわいな　かいじゅう　ぎゃおう
かきくけ　こわいな　きょうりゅう　うわあ
かきくけ　こわいな　はんにん　ばきゅうん
かきくけ　こわいな　ひとりで　るすばん　シーーン

このように五十音の学習を、文字を書く学習にとどめないで

- 身近な生活と結びついたことばを見つけ出していくこと
- ことばのリズムを体で感じとっていくこと
- 一つの文字にたくさんの気持ちがあること
- みんなで声を合わせる心地よさがあること

を子どもたちと楽しく豊かに学んでいくことができます。

一人の子が発したことばが、他の子どもの感性を揺さぶり、体を振動させ、新しいことばとリズムを生み出していきます。一緒に声を出していくと、子どもたちがいる教室は、ことばのリズムにおおわれていくような空気になります。子どもと作ることばや詩には、子どもの生活感情が織り交ぜられ、クラスの子どもたちと共有できる喜びがあります。

普段は心を閉じて自分を表せなかったり攻撃的な言動で誤解を招いてしまったりすることがあっても、

ことばによって子どもどうしの感情が行き交い、共有できる経験が、人間的な感情の基を育てていくことになるのだと思うのです。

## 4　お話いっぱい――話しことばで伝える

朝の会ができるようになってくると、「話したい人出てきて」と言ってみんなの前で話ができるようにしていきます。このことを十分やってから、日直や出席の順番、班で話すように移していきます。こうすることで話すことがプレッシャーにならないですみます。

### (1)　つぶやきをひろう

子どもが思わず言ったことばには、大人にはとても想像できないすてきなことばがたくさんあります。そのことばをメモしておいて、黒板に書き、子どもたちと読み、書いたものを掲示しておきます。自分の言ったことばが文字になる喜び、それがみんなに広がるうれしさを感じとってくれるでしょう。

春は、春雷やひょう、虹などもあり、子どもたちの驚きのことばに溢れています。子どもは季節や時間の変化にとても敏感です。子どものつぶやきは聞き流していると忘れてしまうので、メモ用紙に書き留めておきました。「書きとめる――黒板に書く――音読する――画用紙に書いて掲示する――通信に載せる――みんなで読む――家でも読む」このようにして、自分の話しことばが文字と結びついて子どもの前に現れてきます。この時期にしか発しない子どものことば・つぶやきなのです。

■進級写真の撮影が終わって、給食室の方へ歩いていったときのことです。ポツンと雨が降ってきました。雨が降ってきたというありきたりのことばではないところが、いいです。ならべていくと、詩ができました。

・あっ　ぼくの　かおに　ぶつかった
そらから　みずが　ふってきた
せんせいに　はなのしたに　ぽつん
みずの　ほくろが　できたよ
どうして　そらに　あめは　ふるの

■こんな会話も出てきました。
私「学校は勉強が中心なの」
子ども「べんきょうが　ちゅうしなの」
子ども「べんきょうしなくて　いいんだ」
みんな「ははは・・・」

■一年生にとって学校はまさに探検に値する所です。グループごとに出かけます。お兄さんやお姉さんが勉強しているところや特別教室などを緊張して覗いていました。走ってきて
「音を出さないように　走ったの。せのびして　走ってた。

しんぞうが　こぼれそう」

■かぜの強い日に昇降口に行きました。

「かぜが口の中に入った。息がとまったよ」

■入学して一ヵ月がたちました。少し慣れてきたとはいえ、小さな一年生にはランドセルは重くてやっと歩いてきたのです。学校に着いて教室に入ったとたん、ほっとしてことばがもれました。

「あたまが暑いので　目玉やきがつくれそう」

汗びっしょりでしばらく座り込んでいました。

■給食はとても楽しみです。係を決めた時も、給食係は人気でした。「今日の献立は〇〇です……」と言いたい子がたくさんいました。

「給食が始まる前は、おなかがつぶれてた。今はパンパン」

■給食当番をやるのも大好きです。普通は一週間交替ですが、初めての給食の時は、みんながやりたいので三日交替にしていました。この会話は、あと三日待たなければならない子と私の会話です。

「ぼくは何をするんですか？」

「今日は当番じゃないのよ」

「でも　やりたいんです」

「26日までまって」

「そんなにまつんですか?」「今日　とっても悲しいです」

今にも泣き出しそうでした。

■生活科の時間に散歩をしているときでした。

「先生、ちょっときて。かみのけ　ないから、これ　かつら　っていうんだね」

(桂の木の名札を見て)

■一年生の最初は、下校も地域別に途中まで教師が送っていきます。下校中に耳を傾けてみると、

「ぼくたち、うまれたときから　いろんな糸でむすばれてるの」

手をつないで「なあ」と、顔を見合わせて幸せそうでした。

## (2) あさがおから広がる

### ① アサガオの種から見えるものは何?

アサガオの種を子どもたちに配りました。白い紙の上に置かれた種を見ています。この種を見て子どもたちは何と言うでしょう。「よく見てね、何に見えますか」子どもたちは自分の目に映るアサガオの種から思いついたことを言い始めます。一つのアサガオの種から見えるもの、二つ合わせてみると見えるものというように子どもたちのことばがおもしろいです。

すしの　えびの　せなかが　ひらいたものに　みえる
ぎょうざ　みたい
ふね　だ
おへそが　あるよ
はねに　まどが　ついている
あかちゃんの　ゆりかごだね
すいか
ぽけもんの　かぶと　だよ
みかづきに　かおが　ついている
ばなな
2こ　つなげると　まんげつに　なるよ
2こ　つなげると　ちょうちょの　はね
2こ　つなげると　とりのはね
2こ　つなげると　うさぎの　みみ

たった二粒のアサガオの種からこんなにもたくさんのことが想像できるのです。絵も描きました。

五月六日金曜日曇り。アサガオの種を植える日です。補助の先生が準備してくれた鉢には赤玉土が入っています。先生の一言一言をみな真剣に聞いています。ウッドデッキに並んで、土の袋をはさみで切り鉢の中に入れました。ちょっとこぼれた人もいたけれど、みんな上手に入れられました。植木鉢に四つの穴を指で作ります。そこに種を入れます。「土のおふとんをかぶせてあげましょう」のことばに、優しく土をかぶせていました。ビニール袋の後始末もできました。しばらくすると雨が降ってきて、ちょうどよいおしめりでした。

## ② 芽が土を持ち上げる

朝「ウッドデッキに　行ってごらん。アサガオの芽が出ているかもしれないよ。」と言うと、何人かの人がウッドデッキに行きました。

「あっ　ゆきちゃんのが　めが　でているよ。」

「はっぱが　しわしわだね。」「こっちも　でているよ。」「くるみちゃんのも。」

「けいとくんの　こんなに　ちっちゃい。」「ゆねちゃんのも。」「かわいいね。」

よくよく見ると土を持ち上げているように見えました。

はなさんが

「めが　つちを　もちあげていた。」

と言い、ゆうきくんが

「よいしょと」

続けたのです。

朝の会が始まり、朝の子どもたちの会話を黒板に書きました。

こんな詩ができました。

めが　つちを
よいしょと
もちあげていた

みんなで読みました。
こころさんが
「ひょうの　なかで　よく　めが　でてきたね。」
と言いました。

ひょうの　なかで
よく　めが
でてきたね

と、これも書いてまたみんなで読みました。
日曜日に降った雹《ひょう》はものすごくて、翌日の朝の話では雹《ひょう》のことでいっぱいでした。あれほど強く打たれてもちゃんと芽を出したことに、小さくても生まれ出るものの強さと勢いを感じたことばでした。

## ③　本葉は葉っぱの海

五月二十四日には、全員のアサガオの双葉が出ていました。なかなか出なくてさびしそうにしていた子の植木鉢にもちゃんと出ていました。パッと明るい顔になります。「ぼくのアサガオは、土のなかでずっと根をのばしていたんだね。だからおそかったんだね。」双葉の間から、本葉の小さな芽が出てきています。さっそく絵に描きます。毛のようなものも生えています。あゆさんは絵の下に「さいしょは　ちいさかったけど　だんだんおおきく　なっていた。いよいよ　ほんばの　でばんだ。やっと　でてきたよ。よいしょよいしょ。」こんな文を書いていました。

六月十三日、アサガオは、どうなっているかな？　と思い、ウッドデッキに見に行きました。

「はっぱの　海だ」

こころさんが、叫びます。本葉が大きくなり枚数も増えてきました。一週間前には、たつき君が

「ぼくのが　ジャングルになってる」

と、言っていたのです。けいと君が心配そうに植木鉢を持って言います。

「みんな　育っちゃってこれじゃあ　育たないよ」

一つの植木鉢に植えた四個のアサガオは葉を広げ元気に育ってきています。教室に戻り、けいと君が言ったことをみんなで考えることにしました。子どもたちの意見はこうです。

「どんどん伸びて空までいっちゃう」

「植木鉢の中でからまっちゃう」

けいと君の考えはこうでした。

「はっぱで　光を吸うでしょ。四つも出て大きくなったら、はっぱが重なって光が当たらないところが出てきて育たない」

一つの植木鉢から四本もアサガオの芽が出ているところは、この調子で大きくなっていくと葉が重なり合って光が当たらずに枯れてしまう心配があるというのです。アサガオの種を植えたころから、アサガオが育つ様子を写した写真紙芝居を生長にあわせて見せていました。そろそろ間引きをしなくてはならない時期になっていました。どうやって間引きをしていくか考えていたこともありました。子どもたちは植えた種は全部ちゃんと育ってほしいと思っています。元気なものを残してあとは家へ持って返すこともできます。が、

「どれも元気に育つにはどうしたらいいだろう？」

と私は投げかけてみたのです。すると、

「植木鉢の向きをかえればいい。そうすれば光がちゃんと当たる」

「電気のようなものをはっぱに当てる」

「ぬいて別々に植えればいい」

一番目と二番目の考えは実行するには難しく無理だということになり、三番目の考えならできそうだとなりました。一つだけ残す考えではなくて全部が育つことを考えている子どもたちに圧倒されました。結果は、土に直接植えたものと植木鉢に植えたものになりました。

## （3）散歩でおしゃべり

梅雨時になると、今日も雨かぁと、がっかりすることが多くなります。たまには、雨降り散歩をしてみると、意外なものを発見できます。水たまりをジャブジャブ歩くのは、子どもは好きです。教室にもどってきて、子どもたちの話を聞くのも楽しいです。自由帳に書いた子もいました。（■は話。●は書いたもの）

■めだかが　およいでいた。（まゆ）

■みずたまりに　はいった。ふかかった。（せいたろう）

■ずぼんが　ぬれちゃった。（りょうた）

■みんなの　くつばこを　はんかちと　てぃっしゅで　ふいた。（たくま）

■すなばの　みずたまりを　みていた。あしを　ぽつんと　やったら　つめたくて　きもち（よ）かった。（かいと）

■すなばに　あめで　かわが　できていた。ありんこが　およいでいた。あんまり　すすまなかった。（しょうた）

■すなばの　みずのなかに　ひろげて　かさを　つっこんだ。（こうき）

■いけに　ありんこが　およいでいた。（ゆうたろう）

■いけに　あめんぼが　いた。あめんぼが　かぜが　きたみたいに　およいでいた。（けんしん）

●じゃんぐるじむの　となりの　すなばの　まえに　みずたまりが　あって　そのまえに　ありがいて　そのまえに　いしが　あって　なんか　ありが　その　いしで　みずの　かわを　わたって

いた。まるで　ありが　みずたまりを　わたって　ありが　はしを　わたっている　みたいだった。（くるみ）

●しずくが　ぽたと　あさがおの　はっぱから　おちた。（あゆ）

●あめふりさんぽで。かえるとき　はっぱが　ゆれてました。はっぱわ　ふるえてる。ように　みえました。（りな）

●あめの　おとがした　ぽっ　（ふみや）

●ぽつ　ぽつ　ぽつ　かさのうえ　ぽつ　ぽつ　ぽと　ぽつ　ぽつ　ぽつ　じめん　（こう一）

●つちを　ほった　なめくじが　でてきた　（けいと）

●じゃんぐるじむの　しずくの　なかをみたら　のぼりぼうが　みえたよ　（ひろき）

## （4）みんなの前でお話

担任と子どもだけの会話から、子どもから子どもへ広げていくスピーチは、伝え合う学習の始まりです。みんなに知らせたいことを子どもたちに向かって話します。聞いている子は、「うん、そうだね」「あるある」「しってる」と、つぶやいたり、時には笑いが起きたりします。こうして話し手の気持ちになって共感の輪が広がっていきます。人と人のコミュニケーションを築いていく基礎となります。

### ①　話し手と聞き手

「みんなに知らせたいことある人、出てきて」と言うと、前に出てきて話してくれました。ゲームのことやおでかけのこと、虫をつかまえたことや遊んだことなど話してくれます。一学期はほとんどこのようにして話してもらっていました。出てくる子がだんだん多くなり、みんなの前で話すことに慣れてきた二学期には班ごとにしていきました。

聞き取れないような小さな声の子がいました。教室の真ん中あたりで、教師は話し手の子どもの向かいに座って頷きながら聞いていきます。聞き手を育てることは、話し手を育てるのと同じように大事なことです。自分の話を聞いてくれることの安心感を教室の中に作っていくことが必要です。短い話でもクラスの友だちが話すことは聞いている子どもたちにとっては興味のあることばかりです。知っていても知らなくても、たちまち反応が返ってくるのが一年生です。

話題はさまざまです。季節感のあることや実感のこもっていることを話したときには、その話題を広げるようにします。季節の走りものさがし「あき見つけ」では、実物を教室に持ち込み、実際に触ったりにおいをかいだりして話の内容をふくらませていきます。最初は、述語だけでもいいのです。しだいに、文で話す子が出てきます。ひらがなの助詞の「は」「を」のある文や、文の頭と足（主語と述語）の学習と平行していくと、文で話すほうがわかりやすいことや「題」をつけると、内容がはっきりすることも、教えていきます。

五月

◆ママといっしょにねた（だいき）

◆ひょうがふってきたとき、うちがごとごと　してきた。ひょうをとって　うえたばかりのトマトのえだがおれた。ビニールのふくろに入れて　れいぞうこに　いれたら　ひょうが一つになった。

◆ぜんぶ　いっしょになった。ばらばらに　なっていたのに　かたまった。（こうき）

◆すいかをたべました。三つ。たねをだして、また口に入れて、ぷーっと出した。（ひろと）

六月

◆きに　のぼったら　くわがたが　いなかった。つぎの　きに　のぼった。いなかった。また　つぎの　きに　のぼった。ちいさな　だんごむしみたいのが　いた。もう　いっこの　きに　のぼったときは　わかんないけど　むしが　いた。（りょうた）

◆おたまじゃくしが　いっぴき　かえるになったのに　にげちゃった（しょうた）

七月

◆こないだ　ありの　ぐんだんが　いて　みみずを　たべていたの。もう一かい　みてみたら　また　みみずを　たべていた。また　みてみたら　また　みみずを　たべていた。（りな）

◆どようびか　にちようび　かなぶんをみつけました。つかまえた。いえに　いて　かなぶんをなげて　おねえちゃんが　きゃーっとか　いって　かたや　せなかに　とまった。（ゆうたろう）

**②　友だちの話に、ききたいことがいっぱい**

話したり聞いたりすることに慣れてくると、もっと詳しく内容を知りたくなります。それだけ、子どもどうしの関係が広がってきたことを意味します。「ききたいこと、ありますか？」と質問をするようにうながしてみると、何人かが手を挙げます。しょうた君の話です。

◆「きょうの朝、カマキリを見てみたら卵をうんでいたことを話します。きょう、おきて見てみたら卵をうんでいた。完全に出きっていなかった。卵が動いた。お母さんがカマキリに、きりふきをかけてやった。カマキリを弟がさわりたいといった。こわくてさわれない。虫かごにいれた。おなかが、シューと小さくなってダクダクって、おしりから出していました。」

卵を産んでいる瞬間の話なので、みんなとても集中して聞いていました。話し終わったところで、「ききたいことが　ある人いますか？」と言うと手が挙がりました。

「卵をさわろうとしたらカマキリはどうしましたか？」「カマキリはおこるよ」「弟はさわりましたか？」「さわれないけど、手をそばへやったら、かまれた」「卵は、何個うんだの？」「一つ、その中に五十匹くらい入っている」「卵の色は？」「白かった」

普段は見られないことなので、質問が集中しました。同じようにカマキリを飼っている子からは、「そうそう」と同意の声が聞こえました。

はなさんの話と質問です。

◆「おたまじゃくしのおはかをつくったの。」

「なんで？」

「大きいおたまじゃくしに　たべられたの。血をすったんだよ。」

「なんでわかるの？」

「だって　かえるが　透明になっていて、おたまじゃくしの　ほっぺたが　赤くなっていたもの。」

### ③　季節の話題

季節の変わり目に、「〇〇みっけ」として、身近な季節の変化を見つけることを子どもたちに言います。夏から秋の始まりを風で感じる子、食べものや着るもので感じる子もいます。自分の感覚で微妙な季節の変化を感じることは、自然の発見につながります。梨やゆで栗をみんなで分けて食べたこともありました。九月も終わりごろ、「秋だなあって感じたことを朝の会でお話しして」と言っておくと、翌日には子どもが見つけた秋の話題が紹介されました。

◆「四じぐらいに　ともだちと　いっしょに　こそだてセンターに　いきました。おちばが　おちてきたので、しゅくだいをおもいだして、うらへ　いきました。えごの　みが　おちていた。アメリカンフットボールの　ちいさい　かたちで、ちゃいろ。
えごの　みを　おてだまの　なかに　いれて　つくってもらうことにしました。
こんど　えごの　みを　もってきます。」　（こころ）

春、木々の緑が目立ち始めるころ、エゴの木には小さな白い花が下向きにつきます。その実を私は見たことがありませんでした。こころさんが、エゴの実を知っていたことに驚きました。普段から植物についてよく観察しているし調べているからだと思います。こころさんには、エゴの実をお手玉に入れて遊んだ経験がすでにあります。話が終わると、質問が出ました。「エゴの実ってなんですか」「アメリカンフットボールってどんな形ですか」こころさんの説明だけでは子どもたちには「エゴの実」がどんなものかイメージできませんでした。名前と実物が一致しないのです。こころさんが持ってきてくれるというのでみんなはうれしそうでした。きっと何人かの子どもたちが行くだろうと思って「子育てセンターの近くだから行ってごらん」と言っておきました。そして落ちている木の実を見つけたら、必ず上を見上げることも言いました。木の実がどの木から落ちてきているのかを見つけさせるためです。次に話す子は、木の実と葉っぱを持ってくるでしょう。

この日の放課後、こころさんと友だちはエゴの実を拾いに行きました。このこころさんの「エゴの実」の話がきっかけになり、教室には毎日のように秋が届けられるようになりました。翌日、こころさんは、エゴの実のお手玉も作って持ってきてくれました。お手玉をしてみると、「うちのおばあちゃんは、三つでできるよ」と声がかかります。お手玉は、おばあちゃんの出番です。十九日の敬老の日には、おじいさんやおばあさんと過ごしてみると、生活の知恵を教えてもらえるかもしれません。

## 5 「きいて　きいて」こころのポケット――話しことばから書きことばへ

文を書くことを急がせずに、たっぷりと子どもが話す時間をとりました。なぜかと言うと、ひらがなを覚えたからといって文が書けるわけではないからです。おしゃべりはよくできる子でも文を書くとなるとなかなか書けない場面に出合います。話しことばは、相手が目の前にいるので聞いている人にわかるように話せばいいし、聞き手の表情を見ながらはなせます。しかし、書きことばはそうはいきません。相手が目の前にいないので自分の頭のなかで想像します。しかも、書きたいことを思い浮かべて頭のなかで組み立てていかなければなりません。これが子どもにとっては難しいのです。

文が書けるようになるには、心の中のことばが豊かに育っていることと自由に表現できる雰囲気がなければなりません。草や木、生きものを見たり触ったりして感じる、他の子の話を聞き生活を知り一緒に行動したりして心を動かす、自分から働きかけて、あるいは働きかけられて困ったり戸惑ったり考えたりする、そしてこれらのことを安心して受けとめてくれる学級（＝子どもと子ども・子どもと教師・保護者と子どもと教師）を築いていく中で、子どもたちは心のことばを豊かにしていきます。

## （1）お話を絵や文字で

一年生は、たいてい自由帳を持っています。好きな絵を描いたり落書きしたり、学習の早い遅いなどの調整に使ったりします。行く行くは日記の指導をしていきたいと思っていたので、「先生に話したいことを絵に描いて、教えて」と呼びかけてみました。きのうあったこと、友だちとしたこと、休み時間のことなどを絵に描いて教えてくれます。絵を見ながら、「ふうん。そうなの。それでどうしたの？」と子どもとおしゃべりを楽しみます。絵は鉛筆で、色をぬりたい子には色鉛筆でぬっていました。

絵に子どもが言ったことばを添えてやるととても喜びます。まだ文字を自由に使いこなせない子どもにとって、絵で表現することは、文字で表現するのと同様に、子どもの生活を表しています。一人ひとりの子どものことがわかってくるので、この時間はとてもゆったりしていて、心地よい時間になります。

自由帳だけでなく、絵や文字が書けるような用紙を教室に用意しておくこともしました。書きたいときに書けるように準備しておくのです。「教室にたくさん紙をおいておくから、描きたいと思ったら、どんどん描いて先生に教えてね。」と言っておきました。好きな絵や落書きも子どもたちは大好きなので、教室に、落書き用の裏紙をたくさん用意して、いつでもどうぞとしておきました。

絵でお話しできるようになり、教師が文字を添えてそれを読む機会が増えてくると、習ったひらがなを使い、字も書きたがるようになります。「せんせい　あのね」のシートを用意しました。縦罫にするかマス目にするかは、子どもの文字の書き方を見て決めるといいと思います。このシートは、絵でお話ししたい子は絵で、絵と字も書きたい子は、両方書いてもいいようにしておきます。習っていない文字があったら●で表してもいいことにします。

◆　六がつ四にち

●す●か●に　きに

●●●かけたら　し●●

あに　な●た●●●。

（やすみじかんに　きに　みずをかけたら　しゃわあに　なったんだよ）

## ◆絵とお話

おうちで　おすしを　くった。
まぐろも　くった。
いろんなのを　くった。
からあげも　くった。（だいき）

◇かぞくみんなでたべたんだね。おうちのなかからみんなのわらいごえがきこえてきそうだよ。

食べている絵ではなく、傾いている家が描かれていました。だいきは、にこにこして、家族みんなで、いろんなお寿司を食べたことを言ってくれました。そうか、家が傾いているのはみんなで食べたうれしさの表れなのだと、思ったのです。通信を読んでやったときにも、家が笑ってい

るみたいだとことばを添えました。どんな絵であっても、自分のことを知らせたい子どもの気持ちがこめられています。

◆自由帳に書いたもの　あきさがし

りなさんは、毎日、秋を見つけていました。小さな虫たちの動き、鳴き声など、秋の中に、生きている自然を感じています。

9がつ5にち
はっぱが　かれてきました。すずしくなってきた。すずむしが　なきはじめた。
9がつ7にち
さつまいもをもらいました。こおろぎが　ないていました。
9がつ11にち
ありが　たべものを　はこんでいました。すごかった。5ひきぐらいで　はこんで　いました。
おもそうでした。
9がつ12にち
びっくりしたこと
なんか、よる　てれびをみてたら　なにか、みどりいろのが　ありました。それで　ちかづいて
みたら　ばったみたいなのが　いました。それで、つついても　うごきませんでした。
9がつ13にち

おばあちゃんの、おにわに　まっかな、はげいとうが　さいています。それをきって　みずに
さしておいたら　まっしろな　ひげのような　ねが　たくさん　でてきました。ほんとうに　お
じいさんみたいな　ひげが　でてきました。
9がつ14にち
おべんきょうをやろうとおもったら、あかとんぼが　とんでいました。（りな）

## （2）こころのポケットには　気持ちがいっぱい

作文は、感じたこと・心が動いたことのなかで一番書きたいことを文で綴っていくものです。自分の心が動いていることなら何を書いてもいいのです。

私は文で綴っていく前に、人の心には、いろんな気持ち（感情）がつまっていることと、その気持ちが起こる生活の事実があることを最初に学習していきます。一つの気持ちだけではなく、自分にも他の子どもにも自分と同様にいろいろな気持ちをたくさん持っていることを知ってもらいたいのです。自分の中にどんな気持ちがあるのかを探すことは自分を見つめていく第一歩になります。そして、そのときどんなことがあったのかを自分で決められるようになってほしいと思っています。

■　こんなふうに授業をしていきます。

赤い色画用紙で大きなハートを作って黒板に貼ります。
「心がこんなに大きくなる時ってどんな気持ち？」と問います。

子どもたちが答えてくれます。

「たのしいな・わいわいするなあ・
たのしそうだなあ・あついなあ・
なかよくしたいなあ・なかまになりたいなあ・
いきたいなあ・わくわくするなあ・いいねえ・いいなあ・・・」

これら気持ちのことばを短冊に書いてハートの中に入れていきます。一つひとつそのときにどんなことがあったのか話してもらいます。

次に、小さいハートを貼ります。

「こういうときもある?」と問います。すると

「さびしいなあ・いらつくなあ
つらいなあ・さいていだなあ
だるいなあ・いっちゃったなあ
きもちわるいなあ・いんちきだなあ
ずるいなあ・つまらないなあ
いやだなあ・こわいなあ・さむいなあ・むかつくなあ・・・」

たくさん出てきます。大きいハートの時よりも多いのです。このときも、どんなことがあったのか話してもらいます。

「気持ちがいっぱい出てきたね。みんな、一人ひとり違う気持ちをもっているし、一人の人の中にもいろんな気持ちがあるんだね」と確かめていきます。

大きいハートを「ひろがるこころ」とか「ふくらんだこころ」、小さいハートを「ちぢんだこころ」とか「しぼんだこころ」と、子どもと名付けて呼んでいました。あるとき、「先生、黒い心もあるよ」「中間もあるよ」と言いにきた子がいました。そのハートも付け加えていきます。「こころのポケット」とタイトルを書き、子どもたちが言ってくれた気持ちのカードを掲示しておきました。

人間には喜怒哀楽さまざまな気持ちがあるのが当たり前なのです。子どもはいつも前向きで積極的でがんばりやというわけではありません。家族と同じ社会で生活しています。つらいことも、悲しいことも、寂しいこともあります。家族に心を痛め、強い自己主張を持って訴えることもあるのです。そのうえ子どもは子どもどうしの社会のなかで自分を出し衝突し他者を取り込んだり拒否したりして、自分を確かにしていく成長過程にあります。ですから、私は子どもがそのときに感じたこととあったことを自分で決めて書けるようになってほしいと思っています。

## (3)「せんせい　あのね」「きいて　きいて」

話しことばから書きことばへ移行していく大事な時期です。「せんせい　あのね」や「きいて　きいて」は、作文を書くというより、聞いてほしいことを文字で書くという意識です。ですから、おしゃべりことばで書く子もいます。それでいいのです。

書きあがるとすぐに先生に読んでもらいたくて、どんな顔で読んでくれるか、何を言ってくれるのか、じっと教師の顔を見つめて待っています。「そうなの」「うれしいね」「それは、くやしかったでしょ」というようにその時の子どもの気持ちになって共感することが第一です。

書き上がったら、「読んでもいい人」とききます。必ずしも読んでほしい子ばかりではないからです。読んでもらっている子は、とてもうれしそうです。ここでは、何よりも書くことってこんなに楽しいんだという気持ちを持つことが一番大事です。

せんせいは　いつも　おこりんぼう
せんせいは　めがねをしてると　おもしろい。
せんせいは　かおに　ほくろが　あるから　へん。
せんせいは　かみのけが　おもしろい。（ふうや）

せんせい　あのね
すいしゃごやの　はたけに　かえる　にがしたんだ。（けいご）

いえが　みえたこと
のぼりぼうを　のぼったら
じぶんの　いえが　みえたんだよ。

スッキリシたよ。（かんた）

ハのこと
きのうのよる　ひだりに　むいてねた！
どうしても　ハが　きになります。
「もう――ぬいてやる！
　いーてーーいてーいーてーいーてーいーてーいてー――」
ってゆった。
よくじつ　ハがないとおもったら　あった。（しょう）

通信に載せて読んでやりました。聞きながら一緒に笑ったり自分のことを思い出して話してくれたり、楽しい時間です。

## （4）書いたものは丁寧に読む

どんなに短い文であっても、そこにはその子にしか感じられない気持ちと出来事があります。自分に向き合って綴ってきたのです。書かれている文字だけでなく、行間や書かれていないけれども、十分に伝わってくる様子を想像しながら読んでいきます。「すいしゃごやの　はたけに　かえる　にがしたんだ。」と書いたけいご君はずっと机に頭をつけていて、授業がもうすぐ終わるというころに書きました。近くの公園にある水車小屋には水が通っています。そのそばに畑があり、畑に逃がしたのです。カエルが生きられるところをちゃんと考えて逃がしていました。彼の優しさがわかると、今ごろカエルはどうしているかしらね、元気だといいねと、子どもと一緒に話し合うことができます。

「のぼりぼうを　のぼったら　じぶんの　いえが　みえたんだよ。」登り棒は大好きです。なにしろ空に向かって登っていくのですから。体育の時間になると、我先にと走って校庭の一番遠くにある登り棒まで全速力です。このときの学校は、周りが高層のマンションに囲われていたので、登ると住んでいるところが見えるのです。かんた君は上まで登って自分の家を見つけたのです。僕ってすごいぞと喜びの叫びでした。それほど高く登ったのでした。

だから子どもが書いてきたものは、丁寧に読みます。ここがいいなあと思ったところや感じたところに、◎をつけたり、〜〜〜〜をつけたりします。また、全体に花丸をつけることもします。最後に、一言共感のコメントを書き添えます。いったん、子どもに返して教師がどのように感じたかを子どもにも見てもらってから、集めておきます。最後に綴じると文集ができます。学級通信にプリントして読みます。短い文でも、子どもたちの反応はさまざまで、自分の経験も交えて話してくれます。この読み合う時間が楽しいのです。

## （5）書きたいことが見つからない子もいる

○どこから書いたらいいかわからない子

その子のそばへ行き「先生にお話ししてみて」と言って話してもらいます。教師とおしゃべり感覚で話していると、「あっ、今言ったところから書いたら」と書き始めが見つかります。

○書きたくない、書くことがないという子

時間割に「作文の時間」をとっています。その時間では、書くときもあるし、全国各地の作文や詩を読むこともあります。書く時間になっているときに、「書きたくない」と言う子がいます。そういう時は、「そういうときもあるよ。今は、なくても、このこと書こうと思いついた時に、書いて。」と言っておきます。用紙を所定の場所に置き、いつでも書けるように準備しておきました。何が何でも、その時間に書かせようと思わないことです。「書くことがない」という子もいます。私の場合は、教室に掲示してある「こころのポケットカード」のところへ行って考えてくるように言います。「あった」と言って戻って書き始める子と、「今日は、ない」と言って本を読む子もいます。一人ひとりの子どもの様子をよく見て、その子が何を欲しているのかをつかむことです。子どもとおしゃべりをしていると、「あっ、あのことがあった。」と子どもが想起するのを手助けすることができます。また、通信などで他の子の文を読んでやることで、意欲を引き出すことができます。授業時間ではなく、「今、書きたいことが見つかった。今、書きたいよ」と一年生の時はよくありました。そういうときは、書きたいだけ書かせました。

## （6）視写と聴写で表記指導

○視写

文章を見て書くのが視写です。一行おきにことばや文を書いておきます。間のあいているところへ、ことばや文を見ながら、ていねいに書くように言います。句読点や「　」の書き方や促音や長音、「て」

「に」「を」「は」など助詞の使い方に気をつけます。子どもと読みたい詩の視写や短いけれども物語のなかの文章を選びます。慣れてくると、詩の全文視写ができるようになります。

○聴写

教師が話したことばや文を聞いて書くのが聴写です。初めのうちは、一文です。一回目は聞いています。ゆっくり一回言います。二回目に書かせます。単語ごとに区切って、句読点も「てん、一マス、丸一マス」と言い、行替えがあるときは、「はい、行をかえて一番上から」「かぎ括弧は一番上からよ。かぎ括弧の下は書きません。」というように書き方を指示しながら言っていきます。三回目、確かめさせるためにもう一度、教師が言います。最後に、子どもたち全員で、教師と唱和させます。その時も、「てん、一マス……」と言っていきます。

国語の時間の終わりの方に時間をとって日常的にやると、書き方が身についてきます。時には、物語の一節を聴写することもあります。シーンとして集中できる時間です。算数のお話問題を書く時にも聴写をすることができます。

○漢字指導は成り立ちと文作りで

ひらがなの学習が終わると、漢字学習が始まります。教科書によっては一学期の終わりごろから漢字がはいってきます。まだひらがなも十分ではないのに、「もう漢字なの？」と教える側は思ってしまうのですが、一年生の子どもたちは漢字の意味より、ひらがなと同様に表音文字としてみているところがあり、新しい漢字が出てくるのを楽しみにしています。例えば、「田」を習うと、「……しまし田」と書いて得意になっている子もいます。漢字の量が増えてきて成り立ちと意味のつながりがだんだんわかってくると、意味を考えながら使うようになります。

ふみや君は漢字を使って「あのね」に書いてきていました。

一から十、日、月を習った時にかいたものです。

ぼくは、十一月のほんを、十月一日に、十一月ごうの、ほんを、かいました。こうさくは、十月二日に、つくりました。むしはぜんぶで四十五ひきいました。それを、五かいやりました。それを五かいずつ二人でやりました。すごくおもしろかった。どんどんむしをぶらさげました。ばらんすをくずしてぜんぶおちた人がまけ。（二〇〇五年十月）

そして、小の字にきたときでした。

一がっきは、ひらがな、二がっきは、かんじは、ぜんぶで二十九。二十九日目にならったのは・・・なんと！　じぶんの小でした！　すごくうれしい！（小菅の小のこと）

教科書の八〇字の漢字の配列には、「男」「見る」のように子どもが学びにくいものがあり、先に「力」や「目」にして順序を入れ替えて教えます。意味とのつながりができても、書くときに苦労するのが、「空」「学」「花」「森」のようにいくつもが組み合わさったものでした。子どものつまずきを見て組み替えたり、漢字足し算や漢字しりとり、象形文字かるたなど遊びの要素も入れて興味を持たせる工夫をしたりして指導しました。

# 第2章　書きたいことが書ける「あのねノート」

## 1　書きたいことが書けるようなノートを

### いつでも書ける自分のノート

二学期の半ばぐらいになると、どんどん書きたがる子が出てきます。ノートの良さは、いつでも自分で持っていて書きたい時に書けること、自分のしたことが積み重なっていくこと、自分のもの意識が持てることです。「あのねノート」とタイトルがついているものを選びました。中身は、作文用のマスが書いてあるものです。

心が動いた時にすぐに書けるノート、教師の赤ペンによって自分のことをわかってもらえるノート、言いたいことが言えるノート、好きなことが何でも書けるノート、それが「あのねノート」です。

教師にとっては、子どもの生活や感じていることを理解し、子どもの思いを感じとることができるものです。「あのねノート」を読み続けることは、その子の成長と発達の伴走者になることです。

子どもたちに、「あのねノート」を紹介して、書きたいときにいつでも書いて先生に見せて、と言っておきました。「あのねノート」は前もって人数分購入しておきます。みんなに読んでもいいものや先生にだけ秘密というものもありました。紹介できるものは学級の子どもたちに読んでやりながら、書きたいときに自由に書ける「あのねノート」のことを知らせていきました。三学期（冬休み明け）には全員が持て

るように書く意欲を高めていきます

書く楽しみが増してくると家でも書きたくなります。書いてきたいときには家でも書けることを言っています。が、宿題にはしないようにします。宿題はやっていかなければならないものだと親も子も思っているので、日記が宿題になると、何が何でも書かなくてはならないという脅迫感を子どもも親も持ってしまいがちです。子どもが書いているそばについて、文字の書き方や内容にも、つい口を出してしまうのです。子どもにとっては、宿題にされると、特に書きたいこともないのに書かせられている気持ちになり、自発的に取り組めなくなります。日記や「あのねノート」で、なにより大事にしたいのは、自発的で自由な表現なのです。書きたいことを書きたいように書く、書くことは楽しいという子どもに育ってほしいので、子どもが書き慣れるまでは学校で書くようにしました。

◆「あのねノート」の読み手は子どもたちだけでなく保護者の方もいます。

そこで学級通信や保護者会などで、親向けに、子どもの文の読み方を知らせておきました。

・文章の長い短いで評価しないこと
・書き手の子どもの気持ちを読みとってあげること
・書き方で評価を下すのではなく子どもの良さを見つけてほしいこと
・他の子と我が子と比較しないこと
・「○○ちゃんみたいに書きなさい」と書くことを強要しないこと
・親にとっては都合の悪いことやよその人に知られたくないことを子どもが書いたとしても、受けとめてあげること

・子どもが書いたものには、その子の生活や感じ方が込められているので、それを大事に伸ばしていきたいこと

## 書くのが楽しみ

◆カマキリが教室に持ち込まれるようになりました。休み時間につかまえてくることがあります。男の子にとってカマキリを捕まえられることは大いに自慢できることなのです。九月になると「あのねノート」には、カマキリのことをよく書いていました。（二〇〇五年度）

ひろたか

きょう　がっこうに　きたら　かまきりと
おおかまきりが　むしかごに　はいっていた
さわってみたら　まえあし（かま）で
かまれた
なげたら　したに　ついた。
たまごが　ついてた

しょうた

かまきりが　はいっている　むしかごに　えさの　ばったをいれてみたら

かまきりの　かまで　ばったを　いっかいで　2ひき　かまきりの　かまで
まとめて　つかまえていた
さいごの5ひきが　あしが　はやいけど　つかまえられていた。

びっくりしたなあ　　　　　けいと
おおかまきりが　たまごを　もってたなんて
しらなかったなあ
びっくりしたなあ
おおかまきりが　しなないで
たまごが　かえるといいな。

◆「あのねノート」に書いたものを学級通信に載せました。作文を読んだうれしいお便りが、けいと君のお母さんから届きました。

「毎年うちの庭の木にかまきりが卵を生みます。卵をうんだあとのかまきりが　きりぎりすにおそわれるぐらいによわっていて、助けてあげるけど、これから死んでしまうことを話すと、けいとは、「生まれてきたかまきりの子どもたちは、お母さんに会えないのだね。」と悲しそうに言っていたのを思い出しました。作文に書いた『おおかまきりがしなないで　たまごがかえるといいな。』」というのは、そういう意味だと思います。」

けいと君は、おかあさんに「おかあさんはぼくのことわかっている」と言ったそうです。

## みんなで作る楽しさ

### ◆段ボールハウスのくらし

我が家の出入りの電気屋さんに軽トラックいっぱいの段ボール四クラス分を運んでもらいました。私のクラスは十一月九日、十人ずつ、三グループに分かれてダンボールハウス作りにとりかかりました。どういう家を作るか、最初に話し合いから始めます。なかなか意見が合いません。泣きだしたり逃げていったり。ダンボールの中に入り込んで遊び始める人、入れる入れないでけんかをしているグループ、一人で作り始めて文句を言われている子もいました。だいたいまとまったところから段ボールを配ります。冷蔵庫や洗濯機が入っていた段ボールは大きくてどのグループもほしがりました。

段ボール用のカッターとガムテープを渡します。考えがまとまると、あとは、どんどん作っていきました。今までけんかをしていた子も、作り始めると、それぞれの部署でやり始めていきました。この学校は、オープン教室なので作りかけの段ボールハウスをオープンスペースに置いておくことができました。授業が終わると、休み時間に続きを作ります。一週間ほどでできあがりました。約一ヵ月間、休み時間はこのハウスで子どもたちは嬉々として遊んでいました。（二〇〇五年度）

だんぼうるはうすのこと

りょうた

ぼくは　いぬです。くわのくんは　はむすたあです。けいとくんは　とりです。ぼくは　わんわん　て　いってます。ぼくは　のこぎりが　とくいです。けいとくんは　るるちゃん　て　ないています。くわのくんは　ちゅうちゅうって　いっている。

いぬごやにゆきちゃんがはいったこと

月子

だんぼーるをつくってつぎのひに　ゆきちゃんとひのくんがいぬになりたい！　っていいました。そのあとから大しませいたろうくんが、「いぬになりたい！」ていいました。わたしが「しょうがないな」っていいました。ゆきちゃんが「わん。」っていったから　ゆきちゃんのほうにいきました。ゆきちゃんがいぬごやの中にはいっていたので、びっくりしました。Bぐるーぷのおんなのこのだいじなところをいれるふくろもってきたよってゆきちゃんが　いぬごやの中でいいました。

ハウスのなかでは現代風おままごとといったらいいのでしょうか。ペット役が人気です。内装を見ると、テーブル・椅子・風呂・電話・インターホン・煙突、犬小屋……ドアや窓もあります。こんなに子どもたちを夢中にさせるこのハウスの魅力はどこにあるのでしょう。教室とは違う子どもだけの秘密の場所、子どもの発想で子どもだけで作った誇り、狭い空間の居心地のよさ、空想や想像が広がりそのなかで遊べる楽しさ、けんかもするけれど折り合いをつけることも学んでいました。

心のうちも書いてくる

◆好きでたまらない気持ち

あさみは好きな男の子にちょっかいをかけてみたいと思っている女の子です。相手の男の子が怒れば怒るほど、「ウフフ」と楽しんでしまいます。自分の思いをとげようと、あさみはあきらめません。三学期、隣同士の席になり、授業中のおしゃべりは途切れることがありませんでした。いくら注意をしても教師のことばは頭の上を通り過ぎていくようでした。あさみには弟がいてお姉さん、K君は弟で姉がいます。ちょっとお姉さん感覚で接しています。あさみさんの「あのねノート」を読んでみます。（二〇〇五年度）

二月

おこってもかわいいKくん
わたしのえんぴつが、とんがってなかった。
だからKくんのえんぴつけずりをかりました。
Kくんがおこってもかわいい。

K君が鉛筆削りを勝手に使ったと抗議にきても、怒ったK君をかわいいと言って笑っています。弟のように扱っているような感じです。

二月二十六日　Kくんが　わたしのあげた、お手がみをもどしたことせっかくいいもんが　入っているのにかえすのってひどいよね。

いらないって言うからわたしはKくんにこう言いました。

「おねがい!!　おねがい!!　おねえちゃんにあげていいから。」

って言いました。そうしてKくんはこういいました。

「ちぇ、もう。」

っていいました。また、わたしは、さっきいったことばで、

「おねがい!!　おねがい!!　おねえちゃんにあげていいから。」

っていいました。


女の子から手紙をもらうなんてかっこ悪いと思ったのか、恥ずかしかったのか、面倒くさかったのか、しつこくてやだと思ったのか、麻美の気持ちはK君には通じません。それでも寒い日にお返しがきました。


三月二十六日　このまえ、Kくんからホワイトデーをもらったこと
学校ではぜったいくれないって言ってました。でもホワイトデーの日になるとKくんが　さむいところバレンタインデーのおかえしをくれました。

わたしが、Kくんにこうききました。

「あそんでく?」

ってききました。Kくんは　こうこたえました。「いいよ。」っていいました。

そのあと　Kくんは　すたすたあるいていってしまいました。

そのつぎのあさ学校にきてわたしは　Kくんにこうきいた。

「なんであそんでいかなかったの？」

ってききました。

Kくんはこうこたえました。

「だってそのつぎピアノだったんだもん。」

っていいました。

◆

ひみつのにっき

一月二十一日ひみつのにっきその①

なぜ人げんは生まれてきたのか。でもおれにはいままでいろんなこととかいっぱいあった。その中でやなことがいろいろあった。それをいまはなす。

① らっぱこうえんでＹくんにけられた。
② Ｋくんにおもいっきりおなかをパンチされた。
③ Ｈという人とＴという　せん生がしらない人にいじめられたときがあった。
いまはそれでおしまいにします。

一月二十六日ひみつのにっき。②

たのしかったこと

① さまーらんどのながれるぷーるでいっぱいながされた。
② くさつおんせんでとまった。
③ ふゆのときおばあちゃんててかまくらをつくったこと。これでおわります。

出された自由帳に大きな字で「なぜ人げんは生まれてきたのか」の文が書かれていました。同じクラスのいつも一緒に遊んでいる友だちにいじめられたことでした。

（ひみつのことをかいてくれてありがとう。こう一くんが、こんなにいやなことをいっぱいがまんしていたなんて、しらなかった。がまんしないでひみつのにっきにかいて、こころの中のいやなことをすこしずつおいだしていこうよ）と赤ペンで返事を書きました。

それから五日後の「ひみつのにっき」は楽しかったことでした。

三学期の始業式に氷の入ったバケツを持ってきてクラスの子どもたちに見せていた子でした。朝の話で、「ふゆやすみの一日まえに、バケツをかってきて水をいっぱい入れだんだけど、つぎの日になっても（こここから　声が小さくなりました）こおりになっていなかった。そのつぎの日になっても　まだ（声が小さくなりました）こおりになっていなかった。一月になってやっとこおった。」と。

根気強い子です。探求心があり気持ちの優しい子です。この子が、自由帳にぶつけるように「……きたのか」「おれには……あった」「いまはなす」と、七歳の人生にはいろいろなことがあること、それをわかってほしいと書いてきたことを受けとめなければならないと思いました。

## 毎日の生活を書く

◆その日にあったことやふっと心が動いたことを見つけては、休み時間や給食の待ち時間などちょっとした時間を見つけて書いていました。（二〇〇七年度）

さんすうの　のーとを　かったこと

さおり

ゆうがたの5じはんに　ぎがまーとに　いっしょに　いった
なのに　さんすうの　のーとをかわなかった
おうちに　かえってから　きずいた
あとで　いこうね　って　ままが　いった
それで　かわちに　いった　でも　なかった
そのつぎ　さんわに　いった　それでも　なかった
さんどらっくに　いった　でも　なかった
どんきーほーむっていうところに　いった
でも　なかった
つぎは　いとーよーかどーに　いった
それで　やっと　あった

朝の教室で、「先生たいへんだったんだよ」さおりさんが話していました。学校のまわりには、大きなスーパーマーケットはありますが、小売りの文具店はありません。母親と買い物から帰ってから、算数のノートが終わっていることに気づいたのです。ノートを忘れているときは、「貸し出しノート」を借りられるようにしています。カワチ・さんわ・サンドラック・ドンキーホーム・いとうよーかーどと、一年生が使うノート一冊を買うのに、こんなにスーパーめぐりをしないと買えないことに驚きました。新しい算数のノートを見せてくれました。

あさたくさんうたをうたったこと

ゆうき

あさ　ごはんをたべたあと　おばあちゃんと　いっしょに　おもいでのアルバムを2回うたった。
いってきます　って言ってから　みゆちゃんと　がっこうに　いくときに、おもいでのアルバムを1回うたって　ともだちさんかを1回うたって　こうかの　たいようにむかってを1回うたった。
たのしかった。
あしたもいっぱいうたう。

朝ご飯のあとに、おばあさんと一緒に歌っていることを知り、ほのぼのとして落ち着いた朝の一時を感じました。おばあさんにとっても、孫のゆうきさんと歌えてうれしかったと思います。学校に来る途中でも友だちと「友だち賛歌」や「太陽に向かって」を歌い、はつらつとした気分で学校に来ていました。「あしたもうたおう」子どもはやはり未来に生きているのだと思いました。「太陽に向かって」は校歌です。数校経験した勤務校のなかで、学校の名前が入っていない校歌は初めてでした。毎朝この歌が流れ、子どもたちは大好きでした。「両手を空に広げて　思いきり　叫んでみようよ　ぼくらは　生きているって　太陽に　向かって　小さな草や木も　生まれたての小鳥も　自分の力を信じてる　ぼくらが　明日を創るんだ　大きな夢を　創るんだ　わくわくしてる　この気持ち　誰かに伝えてあげたいね……」リズムもメロディも思わず駆けだしたくなるような校歌でした。

◆書きたいだけ夢中になって書くときがある

書く楽しさがわかってくると、後から後からことばが止まることなく出てきて書き綴ることがあります。そんな時は、書きたいだけ書かせたらいいのです。（二〇〇五年度）

ほごしゃかいのとき、あそんだこと

ひろたか

きょう　がっこうの五じかん目がおわったとき、おかあさんたちが　せん生とはなしてた。そのあいだに　ぼくと　ゆうたろうくんと　かいとくんと　こう一くんで　ウッドデッキにいった。ゆうたろうくんが
「青のきゅうじょたい　やろ。」

っていった。ぼくが、

「それってなんだっけ？」

っていった。ゆうたろうくんが
「ポケモンのやつで　ぼうけんする　あれ！」

っていった。ぼくは、おもいだした。

ポケモンは、ぼくがアチャモでゆうたろうくんがミズゴロウで　こう一くんがヒトカゲで　かいとくんがキモリになった。

さいしょ　かいとくんが　てきになった。かいとくんが　ゆうたろうくんをおいかけた。ゆうたろうくんが　まわれみぎをして　かいとくんをたおした。

かいとくんが　たおれてるときに　すこし　はなれて　そのあいだ、ぼくと　ゆうたとうくんと　こう一くんで　しんかをした。ぼくがワカシャモに　しんかして　こう一くんが　リザードに　しんかして　ゆうたろうくんがヌマクローにしんかした。

こう一くんが

「おれが　てきになって　やろっか？」

っていったから　ゆうたろうくんが

「じゃあ　なってよ。」

って　いった。こう一くんが　リザードンにしんかした。ゆうたろうくんが

「おれだけ　おいかけろ。」

っていった。でも　たまに　ぼくと　かいとくんも　おいかけた。

こう一くんが　ゆうたろうくんをつかまえて　わるいラグラーチにした。ゆうたろうくんが　ぼくをつかまえて　わるいバシャーモにした。

ゆうたろうくんが　かいとくんをおいかけてたから　ゆうたろうくんと　ぼくで　はさみうちをした。さくせんどおり　かいとくんをつかまえた。かいとくんが

「きょうりゅうキングごっこしたい。」

っていったけど　ゆうたろうくんが

「まだムシキングのほうが　ましだしなー。」

っていった。こう一くんが
「だったらムシキングごっこしようよ。」

っていったから　ゆうたろうくんが
「あっそうか！」

っていったからやった。むしは、ゆうたろうくんがジョー（ノコギリクワガタ）になって　ぼくがヤイバ（ノコギリタテヅノカブト）になって　かいとくんがムシキング（カブトムシ）になってこう一くんは、カブト丸になった。

つぎに　ばんごうをきめた。ゆうたろうくんが　一ばんで　こう一くんが二ばんになって　ぼくは、三ばんで　かいとくんが四ばんの　たたかうじゅんばんにした。

あいては、いるふりにした。ゆうたろうくんが　おけつをだして　はしりながらジャンプしてた。かいとくんも　ゆうたろうくんのことをまねした。

つぎ　ゆうたろうくんが　おけつをまるだしながら　おけつを　たたいた。

ぼくと　ゆうたろうくんで　けつだしせい人をしてたら　くわのくんと　けいとくんと　むら田くんがきた。くわのくんが
「三まいのおふだする人。」

っていったら　ぜんいん手をあげた。三まいのおふだになった人は　けいとくんと　むら田くんとくわのくんだった。ぼくと　ゆうたろうくんは、山んばになった。ぼくが　けいとくんをつかまえようとしたら　けいとくんが　ころんだから　くわのくんをおいかけた。ほごしゃかいが　おわったから　かえった。

ポケモン・ムシキングのごっこ遊びは休み時間でもよくやっていました。保護者会が終わるまで約二時間、遊びまくっていたのです。「さんまいのおふだ」は絵本を読んでやったことがあるので印象にのこっていたのでしょう。やまんばと小僧さんはおにごっこにもってこいのキャラクターでした。ポケモン・ムシキングのあとが、「さんまいのおふだ」というのがおかしくて、教室で読んでやりながら笑ってしまいました。

## 2　つぶやきから書きことばへ（二〇〇五年度）

### 朝のスピーチ

けんしんは、朝の会で話すようになったころ、話したいことがあって前に出ていくのですが、自分の番になってもなかなかことばが出てきませんでした。それでも、ゆっくり考え考え伝えていこうとしていました。早くとせかす子もいましたが、大体はじっと待っていました。一言いったあと、少しの沈黙があって次のことを話します。一つひとつのことばを確かめるように　間をおいて話すのです。友だちにも思っていることがなかなか言えず、黙ってしまうことが多かったのですが、七月には班ごとにスピーチができるようになってきました。

28にち　じてんしゃのれんしゅうを　していたの。つかれて　れんしゅうして　つかれたと　おもっていたら　のれていたの。いえに　かえって　また　れんしゅうしたの。おにいちゃんに　み

せて　あげようと　のっていたら　3かい　ころんだ。

「きいて　きいて」

一学期間は、けんしんの話も子どもたちの話もたっぷり聞きました。九月の終わりごろ、「きいて　きいて」用紙に、聞いてほしいことを書いてね　と言って書きました。

なんで　としょしつに　ほんが　あるんだ?
なんで　ずれたのかなあ?
さんすう　たのしいなあ!!
くも　さわれてよかった

この日は、大東大学から学生達が子どもたちの様子や授業を参観にきていました。けんしんは学校生活の中の不思議なことや楽しいことを書きました。図書室に本があるのは当たり前だと思いがちですが、けんしんには不思議だったのです。この学校の図書室はカタツムリの渦巻きのような廊下を歩いて行くと、机があり、まわりに本が並べられています。図書室というより迷路のような教室でした。「さんすう　たのしいなあ!!」と二つも「!!」をつけて書いています。十より大きな数に入り、タイルを使って一の位から十へわたるときの「引っ越し、へんシーン」のことばが面白くて、そこの場所にくると、声を出していました。他の男の子は虫を捕まえるのは平気でしたが、けんしんにはちょっと苦手意識がありました。「く

も　さわれてよかった」には、実感がこもっています。

十月十四日
にこが　きんたまきたこと
かよう　にこがきんたまをとた。あそんでる。それで、よけいわるくなてた。

いつでも書きたいことがあれば書けるように「きいて　きいて」用紙が棚に置いてあります。これは、「きいて　きいて」用紙に書いたものです。二学期になると朝のスピーチでも、飼い犬のニコのことを話すようになりました。「ニコがおかまになった」と聞いていたので、去勢手術をしたニコのことを心配しているのだと思いました。

## 犬が友だち

十月十七日の朝、「ぼくが書いたの」と言って見せてくれたのが「こいぬとあそぶ」という物語でした。場面ごとに区切ってあり、ページもふってありました。

十月十七日
こいぬとあそぶ

にこ　げんき。いま　ねむい、
こいぬと　あそぶ、　みたでしょ。
それで、ねむいんだ。

1ページ

ああーん、あ、もめがさめた。
あそぼ。ん。　さいしょがリレーだった。
やった。

2ページ

けんしん　まけ
にこの　かち。
つぎは、たべものをいっぱい　たべたほうが、かち。

3ページ

よおいどん。にこまけ　けんしんのかち
にこが、
「ぐうぜんだよ」
ていいました。じゃ、つぎは、かくれんぼだ。

4ページ

けんしん　ぁ　も　みつかちゃた。
にこのかち　　けんしんのまけ
けんしんがいいました。
なにをやればかてるんだ。

５ページ

わん、にこ　よし　がんばるぞ。
わん、にこ。かわいいなあ。
けんしんがいいました。
もおねむいなあ。

６ページ

「ニコげんき」から始まるのは手術後のことを心配していたからです。けんしんは、ある時はニコになりある時は自分になって、心の中のつぶやきをそのまま書き、自分とニコの二人で遊んでいる姿が楽しく書かれていました。

彼には年の離れた姉と兄がいます。両親とも働いていますので末っ子のけんしんは祖父母にかわいがられていました。近くに同級生がいないこともあり、飼い犬のニコは、けんしんにとっては仲のよい友だちでした。続きのページを二十日に持ってきました。

十一月二十日

11がつ20にちになりました。
にこのたんじょうびでした。
にこがうれしそうでした。
よるになって　みんなわすれてました。

7ページ

つぎのひ、けんしん、おにいちゃんが、パーティをやりました。
にことけんしんでやりました。
にこはうれしくて、ねむってしまいました。

8ページ

最初の物語とは違って、つぶやきをそのまま書いていません。事実を見つめる目が生まれてきています。彼はニコの誕生日を忘れていませんでした。ニコに「今日、誕生日だね」と話しかけてお祝いしようと思っていたのに、自分以外の家族は忘れていました。家族のみんなは自分のことに忙しいのです。気がかりで、「ニコの誕生日だよ」とみんなに言ったに違いありません。やっと兄とニコのお祝いパーティができ、さらに自分とニコで祝いました。これでけんしんも安心して眠ることができました。

しばらくして、二回目のニコの物語を持ってきました。表紙にはタイトル・作者名が書いてあり、セロテープで綴じられています。「こいぬとあそぶ」という同じ題で、ほぼ同様の内容でしたが、物語風の書き方になっていました。
最初に書いたのは、自分とニコが同列で、けんしんがニコでありニコがけんしんであるというように、一緒に遊んでいる友だち、ニコに同化しているようなけんしんとして読めます。二回目に持ってきたときには、最初に、主人公の「ぼくは　ニコ」から始まります。ニコの紹介や周りの様子なども入れて、ニコの日常と本人の気持ちが書かれていました。この物語は、本当にニコのことが大好きで、ニコの世話をやき、ニコにとっては、けんしんは頼られている存在であることがわかります。犬のニコの世話を通して、頼りにされている自負を感じさせる物語でした。

三学期の朝のスピーチで「おじいちゃんが救急車で運ばれたこと」を話しました。一言一言確かめるように、しかも何かに耐えているような話し方でした。聞いている子ども達にも、何があったのだろうと心配そうな雰囲気がありました。家で大変なことが起きていることを知り「おうちであったことで大事なことを話してくれたね」と本人から話を聞きました。そして「あのねノート」に書いておくように言って書いたものです。作文を読んでやりました。「涙が出てきちゃった」と目頭を押さえている子がいました。

◆二月一日

おじいちゃんが　きゅうきゅう車に　はこばれたこと
おじいちゃんが　かぜをひいて、ねつがでて、
8，2ぶでした。ぼくは上でゲームをやってました。ママが
「おじいちゃんが　たいへんだよ。」

っていってました。ぼくとひでおにいちゃんが
したにおりたら、おじいちゃんがふるえていました。
おばあちゃんが
「おじいちゃん、そとでピンポンおして　まわっていて
ふるえていた。いえにもどって、それで　ママがぼく
たちをよんだってゆうこと。」
(といいました)
ママが　きゅうきゅう車(に)でんわして、ひでおにいちゃんは、パパをよびました。ぼくも、パパをよびにいこうとしたら、もんは　あいて、パパがきました。ひでおにいちゃんが　きゅうきゅう車がどこに　いるか見にいって　すぐ　そこにいるから、パパは、あしをあたためて　ぼくもあしをさするように　あたためました。きゅうきゅう車がとうちゃくして、へんなものをつけてました。きゅうきゅう車にはこばれて　しんじゃうのかなとおもいました。
ぼくは　ないちゃいました。おねえちゃんも　ないちゃいました。
にかいにいって　ベッドにいってパパが
「だいじょうぶだからね。」
っていいました。
「おねえちゃん　つれていくからね。」
っていいました。

おじいさんがふるえている姿、お母さん、お父さん、おばあさん、お兄さんの動きを彼はちゃんと見ています。おじいさんのために家族の一人ひとりが今できることをしています。自分はおじいさんのために何ができるか、自分も役に立ちたい、おじいさんのためにしてあげたいという気持ちから、お父さんが足を温めているのを見て、小さな手でさすって足をあたためたのでした。おじいさんのことを思い、精いっぱい温めている彼の優しさを感じました。

◆二月十七日

おじいちゃんが　たいいんしたこと

木よう日のよる、びょういんから、でんわがあって、あした、たいんするでんわがありました。

金よう日学校から、かえってきたら、おじいちゃんがベッドにいました。

ぼくが、「のど　かわいた。」ていったら、「まだいい」って、いいました。

ぼくは、こたつにいきました。

いまは、もう　げん気です。

二月五日の朝の話のときに、おじいさんのことを話してくれました。昨夜の電話でよかったと思いつつも、おじいさんの姿を見るまでは、やはり安心はできません。学校にいる間もきっと、ずっと気にして、早く帰りたいと思っていたのです。救急車で運ばれたおじいさんのことしかわからなかったので、ベッドに横たわっていたおじいさんを見た時はどんなにうれしかったことか、そのときの気持ちが「おじいちゃんがベッドにいました。」に込められています。よかった、かえってきたんだ、やっとおじいちゃんが家に帰ってきた、彼の喜びの気持ちです。「のど　かわいた。」おじいさんのために何かしてあげたいけんしんのことばが暖かいです。こたつに入りながらも、おじいさんの様子に気をとめていたと思います。元気になったおじいさんのことも子どもたちに読んでやりました。

一人ひとりの生活状況やそれまでに培ってきたものが違う一年生の子どもたちです。すんなりと学校生活に入ってこられる子もいますが、自分を出していくのに時間のかかる子もいます。どんな子でも、自分のことを知ってもらいたいし、話をきいてもらいたいと思っています。最初は担任にだけかもしれません。自分の話したことや書いたことをクラスのみんなに伝え、子どもたちも受けとめてくれるという相互の関係が築かれてくると、子どもは自信を持ち、さらに自分をひらいていこうとします。その子にはその子の伸びていこうという筋道（発達のプロセス）があります。それを見つめて、子どもが語り綴ることばや仕草、日々の言動などから、受けとめたり励ましたり、要求したりする中で、子どもは自分を確かにしていくのだとけんしんのことを通して思いました。

## 3　書きことばによる子どもの成長　（二〇〇五年度）

「あのねノート」を渡す前には、書きたいことがあったら自由帳に書くように言ってありました。父の日が話題になった時のことです。ゆなは大きな字で次のように書いていました。

◆六月二十日
せんせいあのね
うちにわちちのひないんだよ
だっておとうさんちがうくににいるんだもん。
ちょっとかなしいけどね。

お父さんに何をプレゼントするか子どもたちの話がもりあがっていました。そんな中で、ゆなはきっとさびしい気持ちでじっと我慢していたことを知りました。「せんせい　あのね」と私に伝えたいことがあったのです。

◆九月十六日
おとうさんはゆながしょうがく3ねんか2ねんになったらかえってくるっていったから、それをまっているの。でもまたまほうがとけたみたいにあいたくなっちゃったの。
でもまたあえるときがくるよせんせい。

これは「きいて　きいて」用紙に学校で書きました。お父さんとの約束で、きっと帰ってくる、それまで我慢して待っていると、自分に言い聞かせています。ゆなは、日本で、母と祖母と暮らしています。遠く離れている父との約束を守っているけれど、会いたくて仕方がない気持ちを「まほうがとけたみたい」と言っているのだと思います。三年か二年ではゆなからみればずっと先のことです。

## 気持ちをわかってほしい

◆ 十月十八日

おとうさんからでんわがこないからさびしい。でも、できないわけならわかる。そのわけは、いえないけどせんせいならきもちは、わかるとおもうの　だからかいたの。

すぐに返事が書けないので、「一日、貸して」と言って「あのねノート」をあずかりました。

(この子のさびしい気持ちだけを、受けとるには。父親から電話が来ない訳を私は知らない。知らないけれどもこの子のさびしさを一緒に感じることはできる。他人には言えないほどの苦しみをもうこの子は背負っている。一人でしょいきれず、少しでも苦しみを軽くしたいと思うのは当たり前だ。一人っ子の彼女は、家に帰り、このさびしさを誰かにわかってほしいと思って書いたのだ。私を信頼してこの日記を書いてくれたのだ)

そう思って私は次のような赤ペンを書きました。

「ゆなちゃんは、わけもちゃんとしっているんだね。わけは、わかっていても、さびしいきもちにはかわりないね。さびしいことがあったら、おとうさんのかわりはできないけど、きもちは、わかるよ。さびしいきもちをせんせいも　もらってあげるね。」と書くのが精いっぱいでした。そうしなくてはならない生活がゆなの生活であり、そこにゆなのさびしさや悲しさがあることを受けとめなければならないと思いました。ゆなは書くだけでなく、私とおしゃべりもするようになりました。

◆十月十九日
ママは、「ゆながいちばんすき。！」だって。
「にばんは？」てゆながきいたら「いないっ。」ていったの。
「パパとゆなは？っ」ていったら「ゆなっ」ていった。
やっぱりゆななんだーっておもった。
すごくうれしかったの。

「やっぱりゆなちゃんだったね。よかったね。ママはせかい一だいすきだね。」自分が愛されているのかを確かめているように思えました。父と母が離れていることへの不安がゆなにはあったと思います。「おかあさんのたからものは何かな？　聞いてごらん」と宿題に出したことがありました。指輪とかぬいぐるみが宝だという人もいましたが、たいていは我が子や家族でした。

## さみしいけど、がまんしてる

◆十月二十五日
あのね・・・。あのね　きょう、パパからでんわがきた。ママがさいしょに「おう。」っていったのがひんとだったんだ。パパは、日よう日にゆっくりはなせるっていった。でも、ゆな、でんわがあっても、うれしくない。だって、ほんものがいいんだもん。でんわも、できないから、したほうがいいけど、でも、どうして　ぱぱ　ゆなから　はなれていったのかいえないけどさみしい電話の向こうのお父さんにゆなの心は飛んでいます。大人の世界のことで理解できないことがあり疑問を感じつつも、ゆなは誰かに本当のことをわかってほしいと思っています。この日のノートを見て、私は、教室に置いてある「あかねちゃんのパパ」の本をゆなにすすめました。

◆二月七日（作文）

パパさようならするときがんばったけど、やっぱりないちゃった
日本にかえるとき、おかあさんが、
「かえるときは　ないちゃダメだよ。」といいました
わたしは、
「うん!!」とじしんまんまんにいったけど、やっぱりかなしい。パパがとおくなって
いく（がまんがまん）とおもってできるだけパパをみないようにして　はをくいしばって
がまんしたけど　やっぱりないたの。
なみだがどんどんでた。なんで？　なんで？　いっしょにいちゃいけないの？

「ゆなちゃんは、先生にもそうぞうできないようなふかいかなしみをこころの中にもっているのですね。先生はゆなちゃんのこころのなかでおもっていることをきいてあげることしかできないけど、それでもいいかな。」この赤ペンの返事に「いいよ。」と書いてありました。今の彼女にとっては、そばにいて一緒に聞いてもらえる人が必要なのだと思いました。

## お母さんといっしょだから

◆二月十四日　大すきな男の子にチョコレートをわたしたこと
さいしょチョコレートをもって車にのりました。しゅっぱつしたのはいいけれど、男のおうちがわからなくなりました。おかあさんが男の、おかあさんにでんわしてくれました。男の子はそとにでてきました。だからわたしは、
「はいあげる。」といって、わたしました。わたしは、
「もらってくれてありがとう。」といいました。男の子は、はずかしがって
「じゃあね。」っていってていえにはいってしまいました。

近年クラスの連絡網に住所は書かれていません。電話はわかるけれど、どこに住んでいるのかがわからないのです。学校でチョコレートを渡せないので直接家に行くのですが、その家がわかりませんでした。お母さんはゆなのために一生懸命探します。好きな男の子に渡せてゆなは満足でした。
ゆなが書いた作文や「あのねノート」のことをお母さんに話したことがありました。お母さんは、ゆなの思いを知って、ゆなの父を思う気持ちを大事にしなくてはと考えていました。ゆなにとってはやはりたった一人のお父さんです。お母さんはゆなの気持ちを汲んで、お父さんと会えるようにしてくれました。ゆなの思いがかなって、お父さんがいる国へ行ける日が近づいてきていました。ゆなの今まで我慢してきた思いが噴き出してしまいそうです。

# パパに会いたい

もし、ずっとパパといられたらな

もしずっと、一しょだったら
パパ、もうがいこくいかないから、
いーっぱい、かたぐるましてもらって、
日よう日は、いーっぱいあそんでもらう。
それから、
いーっぱいあまえちゃおう

二年生になりクラス替えのためゆなは他のクラスになりました。お父さんの国へ行った話や写真を見て思いのたけを話してくれました。

ゆなは楽しいこともたくさん書いていました。学級通信にはそれらを載せていましたが、お父さんのことやゆなの悲しみやさびしさについて書いたことは、ゆなと私の間のやりとりでした。時には子どもは親にも言えないような心の奥に沈んでいる気持ちを、どこかで誰かに聞いてほしいと願っています。それは、その子が生きていく上での根元的な人間としての感情であり欲求であると思います。ゆなが私に打ち明けてくれたのは、自分のなかでは収まりきれない感情でした。聞いてあげるだけでいい、そばにいるだけでいい、こうすることで、子どもは自分の中のさまざまな気持ちや出来事に向き合うことができるのだと思いました。

「あのねノート」は、子どもたちにとって書きたいことが書きたいときに書けるノートでした。週に一回、時間割表には作文の時間を設けていました。が、一年生はその時間まで待てずに、「今、書きたいことがある」ということもしばしばありました。そういうときは、「わかった、書いていいよ」と言われると「あのねノート」に向かって書いていました。作文の時間には、「あのねノート」ではなくて、手作りの用紙に書くこともありました。何を書いてもいいので、何を書くかは子どもが自分で決めていました。大事なことは、書くことや書き方までもが決められて無理矢理書かせられることがないようにすることです。

文を書くとは、自分のことばで自分の思いを綴ることです。信頼して受けとめてくれる人がいれば、子どもは書きます。クラスのみんなに読んでもらって、書き手の気持ちを共有し合い、書かれた出来事から読み手の想像力を豊かにしてくれます。一人ひとりは違っても、人間として共感できる感覚が育っていくスタート地点に一年生はいるのです。

## 4　生活科は題材の宝庫

生活科には、栽培活動や生き物の飼育、身のまわりの人々との触れ合いなど、自然や社会、文化を学ぶ基礎的な素材があふれています。学校で初めて体験することは子どもにとって驚きの連続です。子どもが見つけてきたことや発したことばから、物の見方を広げることができます。

生活科での体験を書くことには次のような意味があります。

○自然にふれる……土や生き物に素手でさわれない子どもや洋服を汚すなと言われている子どももいます。が、一度、土の感触がわかると子どもにとっては楽しい世界が広がります。虫さがしの経験もさせたいです。朝のお話などでは実物を見せて話すようにすると他の子どもたちと共有でき、また刺激にもなります。校庭にも生きものはたくさんいます。休み時間が終わると、虫を捕まえて見せ合ったり、草をとってきたりします。近くの公園に行って、ダンゴムシやアリンコ、カタツムリやオタマジャクシ、カエルやカナヘビ、バッタやカマキリというように季節ごとに見に行ったり採りに行ったりしました。畑ではサツマイモを育て、収穫した後に絵を描き、食べ、つるでクリスマスリースを作りました。自然の素材が教材です。

○実際にやってみる……木の実を持ってきたら木の実で工作ができるし、タンポポだったら笛や水車ができます。スズメノテッポウは笛になります。桜の花びらや椿の葉で花笛や葉笛を楽しみました。「工作図鑑」はとても参考になります。砂場での造形遊びは飽きずにずっとやっていました。水を入れて川を作りせき止めてダムにするなど、子どもの動きを見ていると、次々にアイディアが生まれてきます。一人でぶつぶつ言いながら一人で黙々と作っている子もいます。正月が近づくと、コマ回しや百人一首など夢中でやっていました。技を磨く遊びに剣玉があります。級を持っている保護者から教えてもらい、上手にできるようになった子がいました。

○継続して観察する……アサガオやミニトマトなど全員で同じ物を栽培してその変化を見ていく活動です。文字が書けるようになると、気づいたことを書きます。植物の絵を描くときには、芽が出た時には土から芽が出たところを大きく、花芽やつぼみがでたら茎と花芽の付け根を注目して、というように視点を決めて描きました。

○実感のこもったことばで書く……実体験からくる驚きや発見にあふれている生活科では、子どものことばもはずんでいます。体験を伴うことの少ない今の子どもたちの生活を考えると、五感を通してつかんだことを文に綴っていくことで、生活実感をくぐりぬけたことばを獲得していくことができると思います。

### ◆　季節をつかまえる

学校の近くに人工の公園があります。この日は一日公園で虫取りができるので子どもたちは大喜び。虫取り用の網やかごを持って元気よく出かけました。
アキアカネの大群が頭上に舞っていました。イナゴやバッタ、カマキリやカナヘビ、カエルなど、稲の間に入り込み、石や草をどけて夢中で探していました。虫かごにはあふれるほどのバッタをつかまえて得意になっている子、一匹のカマキリを取り合っている子、なんにもとれなくてがっかりしている子など、戻ってきた教室は大騒ぎでした。もうすぐ給食の時間なので準備が始まろうとしていました。そんな中、一人で鉛筆を走らせていたのが、はなさんでした。

九月三十日　とちやとこうえんにいったこと

はな

きょうね　とちやとこうえんに　いって　すぐに　とんぼを
くるみちゃんや　一ねん一くみの　あんちゃん　れんちゃんは　つかまえたんだって。
はなも　つかまえようとして　なんども　がんばったんだけど　とんぼの　むれが　にげちゃった

んだ。
それでね、がっかりして、したをむいたら　くつに　くさきりが　いたの。
だから　むしとりあみで　つかまえたの。
でも、こわくて　むしかごに　いれられなったの。
だから　くわ山せんせいに　てつだって　もらったの。
それで　やっと　むしかごに　はいったんだ。
しばらくしたら　また　とんぼのむれが　かえってきたから　また　つかまえようとしたけど　また　とんぼのむれが　にげたんだ。
それで　ばったをさがそうとして　したをむいたら　いきなり　こおろぎが　でてきたの！
だから　つかまえるのを　しらすせんせいが　てつだってくれたの。

男の子は得意になって虫探しをしていましたが、普段から虫採りなどしていないはなさんにとっては大変なことでした。

生活科の時間に、冬の木の芽をさがしました。枝にちょこんとついている芽、地面から顔を出している芽、ふくらんだ花芽、みの虫もいました。芽とお話しした人もいました。

いっぱいみつけたよ

りょうと

木についているつぼみは
さむくないっていってた。
でもぼくは、さむいから
つぼみさんはいいなとおもった。

あかいつぼみは
さむそうだから
ぼくも　さむいって
いってみた。

白いつぼみがすごいさむそうだから
しんじゃうねって
ぼくがいった。
でもぼくのほうが
さむいっていった。

きいろいつぼみは、
さむくなさそうだから
げんきだとおもう。

雪の降った日のことでした。風が強い日でもありました。子どもたちを外へ連れ出して雪と遊びました。

ゆきのかぜ

かいと

ゆきの　かぜにぶつかった
にげた
にげてもにげても
おそいにきた
はさみうちにされた
いたかった。

カブがちょうど食べごろでした。青々とした葉とまっしろなカブは本当においしそうでした。

二月七日　かぶ

くりまつ

おととい、先生が
「あした　かぶをもってかえります。」
っていってたから、おかあさんに、いった。

それで、きのう　もってかえった。それで、
「きょう、かぶをもってきた。」
って、ぼくは、いった。それで、おかあさんが
「かぶのみそしると　かぶのはっぱの天ぷらにしようね。」
っていった。それで、つくった。
お手つだいもした。かぶをきる手つだいと　かぶの天ぷらを入れる手つだいをした。
たべるまえに、おふろにはいった。
それで、よるごはんにたべた。
あじは　おいしいとゆうか　まずいとゆうか
いみが　ない　あじだった。
天ぷらも　みそしるも。
それで、おふろにはいってるとき、
「たぶん、あした、
あじとかどうとか　きくんじゃない。」
って　おかあさんがいっていました。

お母さんもカブの献立を考えていました。収穫したものを家に持って帰ったときなど、たいてい翌日、「きのうはどうだった?」と私が聞いているので、お母さんはそのことを言ったのでした。

## ◆お手伝い名人になろう

家の仕事やお手伝いでは、期間を決めて、こんな仕事ができるようになったと子どもが誇りに思えるような取り組みを考えてみました。この取り組みは、研究会で学んだ実践でした。お母さんから言われてやるようなお手伝いというよりも、家の仕事のなかで、「これはわたしにまかせて。ちゃんとやれるから」と言えるようになることを目標に取り組みます。最初に、今までやったことのある「おてつだいアンケート」をとりました。

〈例〉

とじまり・あまどしめ・カーテンしめ・げんかんそうじ・ふろそうじ・へやそうじ・にわそうじ・うえきのみずやり・しんぶんとり・せんたくものたたみ・せんたくものほし・おこめとぎ・テーブルふき・はいぜん・しょっきのかたづけ・やさいきり・ケーキづくり・おりょうりのてつだい……

できるようになりたいおてつだいは、どんなことですか。（　　　　　　　　　　　　　　　　）

該当するものに○をつけてもらい、子どもたちの傾向をつかんでおきます。これを発表し合うと、他の子どもへの刺激にもなります。

両親が働いている家庭もあり、期間を伸ばしてやれるように配慮します。二学期の終わりから冬休みにかけてやりました。

保護者会などでねらいを説明しておきます。いきなりワークシートだけ渡してもわからないからです。家でよく話し合って、「この仕事をぼくは覚えたい」というような意識を持って取り組むように「今回のお手伝いは、お母さんが主にやっているところをちょっと手伝うというものではありません。「弟子入り」

して一人前にできるように教えてもらいながら仕事を覚えていく意味があります。仕事ができるようになると、ものごとを見通しをもっておこなえるようになるし、段取りや手順を考え、工夫を生み出していきます。そして、一緒にやるところから順に親の手をはなれて身についてくると、自分にはこれができるという「誇り」が持てるようになります。親子のコミュニケーションも豊かになります。これが「生きる力」の土台になるのですね。」と保護者に協力を頼みました。

子どもたちは〈お手つだいでし入りカード〉に「おかあさんに　でし入りして　せんたくものがじょうずに　たためるようになりたいです。くつしたのたたみかたがよくできないのでおかあさんのやりかたをよく見ておぼえます。〇〇より」というように、教えてもらいたい人と内容を書きます。子どもが目標を持って取り組むようにするためです。

そして簡単にその日のことを〈お手つだい日きカード〉に書きました。

ひきにくをまぜていると　手がつめたくなって　もう　手が　こおってしまいそうだった。

（三月五日　こう一）

「ぎょうざをつくったそうです。ひきにくは、つめたかったね。ぎょうざの　つつみかたもじょうずに　なったって　おかあさん、ほめていましたよ。こうやって　つくったぎょうざは　おいしかったでしょ。」

ほうれんそうと　ごまと　さとうと　しょうゆを
まぜました。まぜるのは、かんたんでした。
あじみしました。みんなで　たべました。
おいしかったです。
ままは十じに　かえってきます。
ままが　たべて　おいしいって　いってくれると
うれしいです。たのしみです。（三月十日　あゆ）

「おかあさんは、この日、おそかったのです。あゆさんは、おばあさんといっしょに　ほうれんそうのごまあえをつくったことを手がみにかいて　おかあさんに　しらせていました。おかあさん、うれしかったですね。」

私のコメントを書いて通信に載せてみんなに紹介していきました。一年生最後の保護者会で「お手伝い名人発表会」と銘打ってできるようになったことを実際にやってみせました。キャベツの千切りに挑戦した子、洗濯物たたみを丁寧にした子など発表当日は、はらはらする場面もありましたが、見事に実演を披露しました。

「あのねノート」や作文には、子どもの書く自由があります。自分の心が動いたことを自分で決めて書きます。子どもがこうして綴ることに、どういう意味があるのか考えてみたいと思います。

□　書きたいことが書ける楽しさがあります。

自分が書いたことをちゃんと受けとめてくれる人がいることの安心感があるから、心のままに書けるのです。書くことによって人への信頼を深めていきます。

□　書くことで楽しかったことを再現していきます。

友だちと遊んだことを思い出していくと、場面で（○○はこうだったんだ）（こうすればよかったかな）（○○さんておもしろい）と、心の中では一人で会話をしています。心の中のたくさんの会話から、実際にあったことを選び出して書いていきます。友だちとかかわったその時の楽しさが、子どもの心の中に、感覚としてしみ込んでいきます。

□　自分の思いに気がつきます。

子どもは楽しいことばかり書くわけではありません。一年生らしい悩みがあり、人生への疑問や不安もあります。楽しいことはみんなに読んでもらって嬉しいのですが、心の奥にあることは、簡単に人には言えません。でも、信頼している人には、打ち明けるのです。わかってほしいという気持ちや一緒に考えてよ、ただ聞いてほしいというときもあります。子ども自身が、自分の思いに気づかされていきます。

□　生活を見つめる目が育っていきます。

子どもは家庭や地域で生活しています。子どもにとって、どうしてだろうと思うことが日常の生活にはあります。そのことで胸がいっぱいになっている時、その思いを少しでもことばにして綴ることができれば、子どもの心は軽くなります。大人には見えないことでも、子どもの真っ直ぐな瞳に大人の方が気づかされるのです。

□　心の中のことばが、子どもの考えをつくります。

身のまわりのことやものを見て、自分の考えを持つには、心の中のことばがたくさんあることが必要です。人の話を聞き、自然や人とのかかわる体験を積むことで、自分はこう思う、自分だったらこうする、自分はどうすればよいかなど、心の中で考えます。書くことによって考えを外に出すことができます。

□　書くことは子どもの成長をうながします。

自分の気持ちに真っ直ぐに向き合って綴っていくと、始めはぼんやりと思っていたことから、しだいに自分の本当の気持ちを見つけ出そうとします。書きながら、子どもは自分を変えていっているのです。

# 第3章 生きづらさのなかで安心感を求める

転任して出会った一年生は、それまで私が経験した子どもたちとは違う印象を持ちました。時間に縛られることなく自らの欲求で行動する自由奔放な姿を見せていました。学校という小さな社会で、一年生から六年生までが共同して生活していくためには、細かな決まりごとがたくさんあります。月曜日の朝会では並んで話を聞く、校内を移動するときも並んで静かに歩く、授業が始まると座って先生の話を聞く、チャイムが鳴ると教室に戻る等々、学校に入ったばかりの一年生は、一つ一つ担任の指示で行動しなければなりませんでした。学校の側から見れば、集団で過ごしているのだから当たり前に思えるようなこれらの決めごとに、「なんで?」「やだー」「むりー」のことばに、「えっ、なんで?」と私の方が戸惑うことから始まりました。注意しなければならないこともありましたから、枠にはまらない子どもたちをなんとか従わせようとすると、私と子どもとの間に摩擦が起き、拒否されることも起きました。

子どもにとって学校はどう映っていたでしょうか。入学前の子どものことを考えてみます。保育園や幼稚園などでゆるやかな決まりのなかで過ごしてきた子どもや、反対によい子になることを強調されてきた子どももいます。小さな集団のなかで大人の目も行き届き、二年、三年、それ以上の仲間達と過ごしてきました。子どもどうしの絆のほうがずっと強いのです。それが、小学校に入ったとたん、四十人近い人たちの中に入れられました。大勢の顔がまわりにあるのが怖いと言った子もいましたし、教師の話を聞き漏らさないように体を硬くして姿勢を保っている子もいました。反対に、新しい環境に挑戦的に何でも見てやろう、知ってやろうと広い学校の建物の中を走り回れる楽しさを知った子もいました。好奇心旺盛な子にとっては、決まりごとの多い学校は、思うようにならない窮屈なところなのだろうと感じていたのだと思います。これから始まる学校生活への不安はどの子にもありました。現れ方が違っているだけでした。

## 1　自分を主張する（二〇〇七年度一年生）

### （1）「ぼく、かしこくなりたくない」

いくおは、一人っ子で行動が素早く積極的です。サッカーチームのメンバーで、ボール運動では抜群の能力を発揮します。自分の思う通りに事を進めようとするので、他の子とこじれると、自分のことをなかなか認めたがらないところがありました。学習や生活面で自分を上回る子に出会うと、自分が否定されたと思うのか、相手に対して激しいことばを投げつけ、けんかが絶えませんでした。競争的な価値観に強く支配されているように見えました。

学校でも学童でも家庭でも怒られることが多くなり、「ぼく、かしこくなりたくない」としきりに言うようになっていました。いくおは、自分は怒られてばかりいるから悪い子でダメな子だと思っています。私は連絡帳にいくおの良い面を知らせていくようにしていました。いくおがリードして友だちを助けたことや形のよい文字が書けていることを伝えていきました。家で、「つ」と「く」のことばあそびの詩をいくおが節をつけながら歌ってくれたことをお母さんからの返事で知りました。母親との連絡帳のやりとりは教師と親の交換ノートのように続けられていきました。

「お」の字が下手だと言われたと家で泣いたことが連絡帳に書かれていました。私は次のように返事を書きました。

「『お』の字は形がとりにくいので黒板に出て書いてもらいました。最初に出てきた子は、ノートの四つの部屋（マス）を意識して書きました。いくお君は、『形が変、正しくない』と言っていました。私は、『ちゃんとどの部屋に書くか守って書けましたね』と言って正しく書けたことをほめました。次にいくお君が元気よく手を挙げたので指名して書いてもらいました。いくお君は、四つのマスの一つに書きました。これを見ていた子から、『正しくない』の声がかかりました。その声を聞くと、気持ちがとぎれて、四つのマスに「お・お・お」のように書き始めました。『いいもん、ぼくは小さく書きたかったんだよ』と言って席にもどっていきました。私は、形はいい字だね、正しくないというのは違うよ、いいところを見つけてと、言いましたが、その後はすねていました。」これを読んでお母さんからは、「……なかなか自分の悪い所を素直に認めることができず、親に指摘されるとふくれることが普段から多いです……」と素直になれないいくおのことで気をもんでいました。

学校生活に慣れてきたころ、休み時間が終わってもなかなか教室に入って来なかったり、遅れて入ってきては大げんかをしたり、授業中の席の立ち歩きも目立ってきていました。いくおだけではなかったのですが、学校のルールを守ることをお母さんは、いくおに厳しく要求し約束事を決めていきました。

暑くなってくると、虫たちも動き出し、いくおと友だちはカナヘビとりに夢中になります。休み時間に、カナヘビを捕まえ、牛乳パックに入れて机の上に置いて勉強していました。このことを知ったお母さんは、クラスの他の子どもに迷惑をかけていないか、虫の嫌いな子もいるのではないかと心配して、観察が終わったら逃がすようにいくおに話していました。けれども、いくおと友だちは、カナヘビは何を食べるのか本で調べたり聞いたりして、休み時間に餌探検隊のように校庭の草むらを探し回っていました。

学校は集団生活をするところなので、みんなに迷惑がかからないように過ごしてもらいたいと親は思っていても、いくおの方は、なかなかそうはなっていかない状態が続いていました。

## （２）もう我慢できない

### 動物園から帰りたい

十月四日、動物園に行った時のことです。この日は、ボランティアの保護者の中に、いくおのお母さんもいました。出発の時から、いくおの歩き方や改札口前での並び方の一つ一つが、お母さんには気になって仕方がない様子でした。そのたびに我が子のそばへ行って注意をされていました。いくおは他の子もいるところでちゃんとするように言われるのが、だんだんいやになってきているのが顔でわかりました。

動物園のアフリカ園からそろそろ出ようとみんなが集まってきている時、いくおが、「もう帰る」と言いにきました。おそらく、お母さんのことだろうなとは思っていました。「どうして？」「……」「ママのこと？」頷きます。これ以上、我慢できなくなったのでした。「わかった。ママに言ってあげるから、ちゃんと行こうね。」いくおを納得させ、私は母親に、いくおの態度のことで気になることはあると思うけど、もう言わないで見ていてほしいと頼みました。このあとは遠くから見ていてくれました。その時のことを書いた作文です。

十月十二日　かえりたくなったこと

たまどうぶつえんに　みんなで　いったとき　くつのかかとを
ふまないことで　ままに　おこられた。
それで　おうちに　かえりたくなった
けど　せんせいが　ままに　ゆってくれたから　もう　かえんなくても　よかった

我が子の態度を見ていると、知らん顔はできず、どうしても注意することが多くなっていました。いくおの顔がしだいにゆがんだような不満そうな表情になっていました。どこかで母親にも言わなければと思っていたときの「帰りたい」のことばでした。いくおにとっては、遠足の楽しみよりも注意――いくおにとっては怒られたこと――を受けていやな気分になったことの方が大きく、自分を前へ進めるためには、このいやな気持ちを打ち破らなければならないと感じて発したことばだと思います。

親としては、素直に自分のことを反省し、席についてちゃんと話を聞いて授業に積極的に参加し、出された課題をきっちりこなしていくような子どもを期待したい思いがあります。が、いくおは母の期待に添うような「いい子」にはおさまらない自分を、強く持っていました。

朝から伊達政宗のまねらしく片目を銀紙でふさいで、折り紙で作った刀をさし得意になって授業を受けていることがありました。片目だとよく見えないので、授業中は外すように言うと、セロテープで顔に付けていたので痛そうに剥がしていました。いくおはこの剣が気に入って一日中腰に差して、正義の味方として振る舞っていました。母親は「えーっ、授業中もですかぁ」と恐縮しているような感じでしたが、いくおらしさを受けとめていました。

母親とはほとんど毎日、連絡帳で、子どものいいこともそうでないことも正直に知らせられるようになり、家庭での様子も率直に返事を書いてくださいました。最初のころは、いくおのやることに一喜一憂し、良くない行動を直そうとしていたのですが、それではいくおには通じないことがわかり、彼の話をよく聞くように対応の仕方を変えていきました。そうは言っても、いくおの態度の悪さを何とかしたいと家では注意をしてしまいます。そういう時、彼は母親に反抗心を露わにしていました。

## ママはわからないんだ

十二月十一日

ままに、おこられたこと

あさ　がっこうに、いくとき　つめをかみすぎたところを　また　かじって、なおってきたところが　また　ふかづめになって　ままが　しょうどくしようね。って　ゆって　ままが　やってままが　ばんそうこをはって　ぎゅって　やったから　いたい。って　ぼくが　いたい。って　ゆったから　ままが

しょうがないよ。って　ゆったけど　ぼくは、やめろ。

って　ゆったから　ままが　しんぱいしてゆっているんだよ。

でも　ままは、ふかづめになったことがないから　わからないんだ。ってゆった。

ままとけんかをして　ままが　ごはんをたべなさい。ってゆったから　たべたあとに、あやまってみたら　いいよ。ってゆったから、そのあとは、いっしょに　なかよくはみがきをして　がっこうにいくとき　ままが　いってらっしゃい。ってゆったから　ぼくも　いってきます。ってゆって　たのしくがっこうにいきました。
もうこんなことは、しないようにしますから　みなさんも　きをつけてください。おねがいします。

爪を噛みすぎると痛みが伴います。それがわかっていても噛むのをやめられないのが爪かみです。痛みを感じることで自分を感じている節があります。自分で爪を噛んで痛くしている時にはそれほど気にならない痛みが、ばんそうこを貼られて余計に痛く感じるのはなぜでしょうか。痛みの違いの中に「お母さんは、ぼくのこと分からないんだ」という母に対するいくおの主張があると思います。いくおの態度について母親の言う正当性に従わざるを得ないうちは、自分の言い分がなかなか通らず、黙ってしまうか泣くことが多くあったと言います。その彼が母親に口答えをし、自分を主張し始めていたのです。

## (3) ぼくの話を聞いて

二年生になりいくおは、自分はこうしたいということを母親にはっきり言うようになってきました。頭ごなしに注意を受けると、わかってくれない母に苛立ちをぶつけることがありました。

六月二十一日　いなくなったこと

すいえいがおわったら、ママがいた。それでかえるときにがっこうにいくのがおくれたっていたからママがかえってこなくていいてママがいった。それでぼくは、がっこうのひがし門のうえをとおって　こうえんにいった。そのつぎ　はしをわたってがっこうのひがし門をとおって　ベルクのとなりのくさむらにはいった。そこにママがじてんしゃにのって　がっこうまできた。ぼくは、くさむらにかくれた。それでおうちのところまできた。そしたらおばあちゃんがぼくを見つけた。それでママにあやまった。そしたらママが央ちゃんも和史も啓もさがしてくれたんだよ。ってママがいった。ぼくは、もうしませんとあやまった。そしたらママがいいよっていってくれた。ぼくは、ほかのしとにもめいわくをかけたんだとおもう。

これを書く前に朝の会で家出をしたことを話していました。一緒に探していたかずしは、後ろの席から大きな声で、「迷惑かけたんだぞ」と、いくおにどなっていました。聞いていた子どもたちは、家出と聞いて騒がしくなりました。頭ごなしに怒られて話を聞いてくれない母に対して、彼なりの反抗でした。

いつもは早く登校して来るいくおが、集会が始まっているのに来ていません。クラスの子どもたちが体育館へ行く途中、遅れて登校してきた彼に会いました。どうしたのか聞いたけれど、何も言わなかったので、家を出る前に何かあったのか気になり、遅れたことを連絡帳に書きました。朝、家を出るときにカブトムシを学校へ持って行くかどうかで、母親と言い合いになりました。どうしても持っていきたいいくおに、持って行ってはいけないと母に強く止められ、本人は承伏できず、草むらで虫探しをして遅れたということが母の話でわかりました。連絡帳の「遅れた……」のことばを見た瞬間、いくおの話も聞かずに学校に遅れたことを怒ってしまい、親として反省してますと、このときのことを話してくれました。

親の心配はカブトムシを持って行くと勉強中も身が入らずカブトムシに夢中になってしまういくおの性格を知って言ったのでしたが、彼は、カブトムシを学校に持って行ってはいけないことにどうしても納得がいかなかったのです。言い合いになったのだから、いくおは持っていってもちゃんとやれる、お母さんは何でぼくのことを信じてくれないの、こんな気持ちも入って自分を主張したのでした。登校前の言い合いで納得がいかなかったいくおは、すぐに学校へ足が向きませんでした。この日はずっと納得のいかないまま過ごしたと思います。母親の「帰ってこなくていい」の一言が、「ちっともぼくのこと分かってくれない。」親への抗議として、母の前からいなくなることを決心させたのだと思いました。

学校の東門にふたたび戻って来て草むらから母の姿を見た時には、母の心配そうな顔も見えたでしょうし、今帰ったらかえって怒られるかも知れない不安もあったかもしれないし、一人でいることの心細さもあったのではないかと思います。母親に会う前に祖母に出会って気持ちが落ち着き、心配していた母親の気持ちにも気づいたと思います。でも最後の「ほかのしとにもめいわくをかけたんだとおもう。」の文の中には、どこかで本音を我慢して母親を代弁してしまういくおの切なさを感じてしまいます。

◆　七月三日

　がっこうをやめたい

がっこうをやめたい　だってこのまえぼくがそうじでほうきをやったときに
わざとじゃないけどふんじゃった。

そしたらN子がすぐおこってわざとしたんだっていった。
そしたらぼくがわざとじゃないっていった。
そしたらN子がせんせいにいいにいった。
ぼくは、わざとじゃないのになんですぐせんせいにゆうのかな。
ぼくは、そんなにいじわるのN子がきらい。
もっとN子がやさしければぼくもそんなことわしないのにな。
N子がやさしくなってたらいいのにな。

それまで面と向かって周りの子から抗議を受けたり文句を言われたりすることは、ほとんどありませんでした。いくおがひとこと言えば、ことばだけでなく倍以上になって返ってくることを恐れていて、かかわらないようにしていた子もいました。ところが、二年生になってくると、いくおだけでなく他の子も自分を主張するようになってきます。特に正義感の強い女子との、ぶつかり合いは日常的でした。

これを読んだ時は、人に優しさを求めるより、いくお自身が優しくなれるといいなと思って、そのような赤ペンを書いていました。今、いくおのことを考えてみると、その時とは少し私の感じ方が違うことに気づきます。相手の女の子が強硬に主張してくると、その場では何としてでも自分の正当性を主張しなければ収まらないのがいくおです。「やさしければそんなことはしないのにな」と相手に優しさを求めているように思えるのですが、本当は、自分がもっと優しくなりたいという気持ちがあったのだと思います。それと、思い通りにならない女の子と、母親像がだぶって見え、母親にも同じ気持ちを抱いていたのではないかと思いました。

## （4）ぼくとお母さんの間で

### 決められない

アクラブのこと

アクラブに行く日になるといっつもいきたくない気もちになる。それをママに言ったら「じゃあ、やめれば？」と言った。でも、ぼくは、やめたいんじゃなくって一日だけでいいから、休みたい。そしたらつぎのアクラブは、休まずにきちんといけるようになる、と思った。ほんとうは、およぐのは、好きじゃないんだけど、もしも、うみとかでおぼれた時に、にげれるようにスイミングでいろんなおよぎを教わるほうが早くにげれるから、と思う。もしもぼくがやめたら、Tくんたちといっしょにスイミングができなくなるから、やめたらもうアクラブでは、いっしょにおよげなくなる。Tくんたちといっしょにいられなくなるのは、いやだ。みんながができるおよぎができなかったら、はずかしくてやめたくなる気もちがある。でもうやめたらママが、がっかりするからアクラブは、やめちゃいけないと思う。

これは夏休みに書いた作文でした。好きではないけれどスイミングに通っているのは、海で遭難しないためだといくおは理解しています。やりたくて習っているわけではないから心から楽しめないのです。楽しめない訳は、友だちとのことでした。仲のよいT君たちと一緒にいたいけれど、みんなと比べると自分の方ができないことがあったのです。競争心の強いいくおです。できない自分を友だちに見せたくない、そういう自分を認めたくないのだと思います。母親は、「やめれば」と言っていても、実際にやめたとしたら、お母さんはがっかりするだろうと、母親の気持ちまでおもんぱかっています。やめる決断もつかず、いくおは親に気を遣っています。

## ぼくの夢

十一月十四日　まん丸お月さまのこと
きのうの夜ベランダに出たらお月さまがきれいだった。それでママをよんだ。
そしたらママも「きれいだね」っていった。ぼくがママに　まん丸だっていった。
お月さまのいろをみたらすこしおれんじぽかった。あとはだ色ぽかった。
それでぼくがお月さまにてがとどくかなってやってみてもとどかなかった。
でもお月さまにねがいをゆった。
そのねがいは、サッカーがうまくなりますようにってねがいをゆった。
そのねがいがかなうといいなーと思った。

母と二人で穏やかな気持ちで月を見ています。月に手を伸ばして「とどくかな」と手を出しているいくおには、大きな夢があります。一年の最初に「やきゅうをみにいった。はんしんたい　やくると。はんしんが5てん　やくるとが2てん。ふうせんをとばした。みんなのをみてきれいだった。おうちにかえってきて、とばしてみた。よくとんだ。ふじさんまでとんでった。よるだったから　おっこちちゃったかもしれない。」と、話してくれた風船の時よりも、自分への広がりを感じました。

学校に上がると、それまでよりもずっと広い子どもどうしの関係が築かれるようになります。親の知らない子どもの時間が増えるからです。子どもどうしや学校の先生との時間もそうです。家庭以外の場から、良くても悪くても、子どもは取り込んだり拒否したりして学んでいきます。こうして七歳から八歳になる子どもたちは、自分を創っていく時期に入ります。

親の方はどうでしょうか。親と過ごしている時の子どもの様子がすべてのように思いがちです。普段から言い含めているので、言いつけを守っているに違いないとも思ってしまいます。そして「いい子」に育ってほしいと思います。

大人から見ると、許せないようなことも、やってしまうのが子どもです。親が描いていた我が子の姿が、学校生活のなかで違っていたとき、子どもの話をよく聞き、受けとめられるか、子どもに親の思いを押しつけてしまうことになるか、その狭間で親はいつも悩み揺れ動きながら、子に接しているのだと思います。子どもは、親の揺れ動きのなかで、あるときは反発し、あるときは親を気遣ってまでも自分の意思を心の奥にしまい込んでしまうことがあります。でも、こういう中で、自分だけのことから周りの人のことも見つめられる自分が育ってきていることがわかります。

## 2　生きづらさのなかで求めていること（二〇〇七年度一年生）

集まってきた子どもたちの育ってきた環境、体と心にしみ込んでしょってきている生活感情はそれぞれ違います。違うものどうしが学級という一つの場に居るのですから、そこに教師と子ども、子どもどうし、子どもと親というようにさまざまな場面でぶつかり合いが起こるのは当然と言えば当然です。このぶつかり合う時を、どうとらえていったらいいかを考えてみます。

入学した子どもたちは、友だちをつくりたい、楽しく勉強したい、みんなと遊びたいという要求をもってきています。その要求はすんなりと実現できるわけではありません。相手と自分の間で折り合いをつけていかなければならないからです。折り合いをつける時、自分の気持ちのなかでは、そうしたいと思っていても、思うようにできないことが生じてきます。その時、どうしたら自分の思いを通すことができるか考えるのです。自分を主張することによって、相手に従うことで、話し合うことによって、その場からいなくなることで、まったく他の子と違う行動をとることによって、相手を暴力で屈服させることで、自分以外を否定することによって、自分を守り通そうと考えるのではないでしょうか。

学校だけでなく、親にも自分をわかってもらいたいと子どもは思います。けれども、親の方は他の子と同じような行動がとれない我が子に強い要求を出そうとします。そうすると、子どもの気持ちより親の気持ちを優先して押し付けてしまい、子どもはますます親から離れていってしまうように感じます。親自身も、自分のせいで我が子がこうなったのだと自分を責めてしまいます。子どもだけでなく親もまた、生きづらさを感じていました。

## （1）否定語に隠された思い

### 親も生きづらい

かずしは入学当初、私がそばへ行って体に触ろうとすると、「人のこと、さわんな」と言って目をあわせようとしませんでした。他の子に対しても「ドジ」「ウゼェ」「アッチ行け」が口癖でした。絵本の読み聞かせは聞いていても、何かひっかかることがあると、「ぼく見たくない」と言って自分の席で洋服をかぶり袖口から覗いて見ていることがあります。席に着いたり着かなかったりの生活が続いていました。

家庭訪問で、率直に今までのことを話してくださいました。

「二歳半まで母親べったりで本もたくさん読んでやり、かずしが興味を持ったことはできるだけやってあげました。保育園に入ってから、何回か落ち着きがないことで園から注意を受けたので、母親とのスキンシップを増やすようにし、自分が何とかすればかずしはよくなると思っていました。でも親にも理解できない行動が多くあったので、そういう時は、『ダメ、何度言ったら分かるの！　どうしてそんなことするの！いいかげんにして！』と、否定的なことばかり浴びせてきました。」

入学してからも、かずしの行動が変わるわけではなく、家のなかではどなり合う日が続いていたと言います。「今はお菓子を食べる時じゃないから」と言うと、「じゃあ、一生だめなんだ」と大声を出し、「そうじゃない」「だめっていった」このくり返し。時には、かずしの声を聞かないように、ヘッドホーンをしていたこともあったそうです。何かのルールに従わせようとすると、とたんに、言い合いになるか暴れ出してしまうので、どうしたらいいのか、ずっと悩んでいたと言っていました。お母さんはとても辛かっただろうと思いました。お母さんの仕付けのせいでこうなったのではないので、自分を責めないで、かずし君自身の問題として考えていきましょうと話しました。子どもには自分で自分をよくしていく力があるので、それを信じて、その力が働くように親と一緒にかずしのことを考えていかなければならないと思いました。

## 一番でなければ

かずしが一番気にしている友だちは、いくおです。二人ともサッカー仲間でもあります。国語でも算数でも、少しやり始めると、「今どこ?」と大声で話しかけます。いくおに「まだ、そんなとこやってんの」と言われると、馬鹿にされたと思い、かずしはいくおに激しい調子で言い返し、言い合いが始まってしまうのです。何度か、補助の先生の助けを借りて、廊下で気が済むまで言い合いをさせたことがありました。機嫌のいいときは二人で立ち歩いておしゃべりすることも目立ってきました。いくおのお母さんから、授業中立ち歩かない約束を子どもとしたことが連絡帳に書かれてきました。いくおとかずしの親同士連絡を取り合って、一緒に子どもを見ていこうとしていました。

かずしはいくおが何を言うか気になり、ご機嫌をうかがうようなところもありました。自分に浴びせられる否定的なことばに敏感に反応してしまうのでした。

七月十五日

サッカーのれんしゅうで一てんしか　きめられなかった。

朝の会で話してくれたことです。サッカーで点を入れるのは大変なことで、一点入れられたのはすごいことだと思って聞いていました。「一てんしか」というのが、いくおと比べてのことだったので、自分では満足していないことがわかりました。

## どうせぼくなんか

二学期になり、登校してくるのが遅くなってきました。気になり家でのことをお母さんに尋ねると、「字がへただから国語の勉強がいやだ」と言うのだそうです。二学期の国語は、文字学習が終わり、漢字やカタカナ、文章の読み合いや作文などが入ってきます。一人でのプリント学習は少なくなり、みんなと関わる学習に変わっていった時期でした。他の子が発言するたびに、「そんなのあるわけないよ」「そんなのもしらないの」と大声で言うものだから、だんだんみんな言わなくなってきます。かずしは「つまんないから言った」と床に座ってものをいじっていました。次の時間は音楽でした。初めは床に座って歌い、しだいに姿を現し、いすに座って歌っていました。音読や漢字練習と宿題も増えてきました。かずしに自信をつけさせようと家でも練習を始めるようになりました。音読も学校では上手に音読していることを伝え、落ち着いた時にお母さんとやることができました。体を動かすことは好きでしたが、体育でもドッジボールやサッカーのようにやりたいことでないと、「ふざけていたい」と言ってやらないことが起きていました。

新しいことに向かうことが出て来ると、「ぼくはできない」「どうせぼくなんか……」と言って、大声や大きな音を出すとか、うずくまり自分を全部否定するかのような態度を示しました。彼が出す音は、唇をあわせて、「パッパッパッ……」「ブルルル……」と出す、鉛筆で机をたたいて出し続ける、突然机を引きずるなど、大小さまざまでした。あまりに大きな音の時は、かずしとの約束の紙を見せると、「あっ」とかずしは気づいて、消しゴムをちぎるなど別のことを始めました。国語の話し合いや発表では、全体が静かに集中してきます。学習内容が一学期より豊富になり子どもたちも新しいことを楽しみ、集中力も増してきていました。

国語だけでなく他の教科でも一緒にやらないこと、一緒にやりたがらないことをどう考えたらいいか、当時の私はかずしの発する音のことが気になっていました。静けさに不安を感じるのか、みんなのように集中できない自分に不安を感じ苛立っているのか、音を発することで自分を落ち着かせているのか、そんなことはしたくない、もっと違うことをしたいという意思を表しているのか、彼の真意をつかみかねていました。

かずしは新しい状況に身をおくことができなかったのだと思います。一学期はクラス全体に大声が飛び交い騒々しい中で過ごし、彼も中心的に騒ぐ立場にいて、周りとの違いをそれほど感じていなかったと思います。難しくなった学習内容に自分以外の子たちは発言し笑い合い、私とことばを交わしながら通じ合う空気が流れていました。うらやましいと思う反面、自分が落ち着いてやれることはもっと違うことがあるとの気持ちも強かったと思います。

## （2）書きたいことがある

### 動物はおもしろい

電車とモノレールを乗り継いで動物園に遠足に行きました。一年生二クラスにはボランティアの保護者が十人もついて子どもたちの安全のために付き添ってくださいました。

たくさんの動物を見てきたので、「動物のこと、教えてね」と言って書いてもらいました。かずしは、最初、「きりんのこと」だけでしたが、いくおが「もう一枚書いていい?」と言ったのを聞いて、「ぼくももう一枚書く」と言い、「さーばるのこと」「ちーたーのこと」と、いくおがまた一枚、かずしが一枚というように二人で競争して書きまくっていました。休み時間になっていましたが、かずしは七つの動物とモノレールのことを書いて満足していました。通信には二人の書いたのも全部載せました。

十月十五日　きりんのこと

きりんのあしに　むしがついてた
ちびっちゃかった
あしがぶるぶるしてた　おもしろかった

## 母親の支え

家でもお母さんは、かずしに表現してもらいたいのと少しでも長く座ることに慣れることと、文章力をつける意味で、一文は書こうと、彼と頑張っていることを知らせてくれました。「ゲームがやりたくて抵抗しますが、『まああ落ち着いて、牛乳飲んで、このおかし一つ食べてから書いてごらん』というと、自分の部屋で一人でぶつぶついいながら十分後くらいには大きな声で『書けたー！』と持ってきてくれます。『ハムスターのこと』『サッカー大会で点をいっぱいとったこと』『あさ公園で寄り道したこと』『友だちとあそんだこと』など、そう思ってたんだぁ、そんなことがあったのかぁ、と知らないことがいっぱいでてきます。コツコツ続けていけたらいいなと思います。」

書きたいことが自分で見つけられるようになることがかずしには大事なことであると返事を書きました。十一月二日から「あのねノート」に書いてくるようになりました。

十一月九日　かにさされ

きょうあしらへん
み、たらはれてた
いっかいほけん
しつに。」
「いてみたひえぴた
みたいのをつけた。

でもはずした。
つけてもはずした
でつけるのをやめた。

句点や「　」の書き方を習ったばかりのころ、どこに付けていいかよくわからないで書くことがありました。

足が赤くなっていたので虫さされだと思うので保健室にやりました。戻ってきてこの日は一日中、足の冷えピタを取ったり着けたりしていました。体の一カ所が気になり始めるとずっとその場所をいじっていました。

十一月二十五日　きのうままかかいひろった
きのおままがかいをひろってた。いっぱいひろってた　ひろってたくつがぬれた。
もういっかいぬれた。

翌日、貝をたくさん持ってきて朝の会に見せてくれました。聞いている子どもたちは欲しそうな顔をして見ていました。誰かが、「ぼくたちにはくれないよ」と言いました。仲の良い二、三人の友だちにあげたのをほかの子が見ていたのです。たくさんあったのでかずしに「みんなほしいって。どうする?」と言うと、机の間をまわって一人ひとりに一個ずつ小さな貝を配っていきました。全員の子が貝を手にして、みんなもかずしもうれしそうでした。かずしの書く文には、「きのうままか」のように時どき、濁点がないことばがありました。

十二月十四日　おとといままにほんをよんでもらった
おとといままにほんをよんでもらった。いっぱいよんでもらった。おもしろかった。
ひろしとままでよんだ。

弟も一緒に母親に寄り添って本を読んでもらっているかずしのうれしそうな顔がうかびます。学校に来て、前の日に、うれしいことがあると、すぐ、「あのね、書く」と言って、教卓にあるノートを持って行きます。

かずしと母親の関係が少し変わってきていました。お母さんは「あのねノート」に書かれたことを読みかずしのことを理解しようとし、本を読んでやることで母と一緒にいることの喜びを感じて欲しかったのではないかと思います。

## （3）落ち着く場所で書く

### 僕の居場所は教卓の下

三学期は「百人一首」ゲーム大会やお手玉、大縄や短縄に夢中になっていました。体育でも一人でがんばれば達成できるものに意欲を燃やしていました。縄跳びの二重跳びもできるようになりました。達成できることが増えてきたことや母親の励ましもあり、今まで以上に「あのねノート」に書きたがりました。ただ、自分の席で書くこともありましたが、床に寝そべって書く時や教卓の下で書くこともありました。教室のなかで、どうしても気持ちが落ち着かない時の場所として、かずしが選んだのは、教師用の机の隣にある教卓の下でした。自分の世界に閉じこもりたい気持ちと先生のそばにいたい気持ちがあったのだと思います。この場所は、二年生になってからも引き続くことになりました。

二月十三日　きのうおてだまをつくった

きのう　くつしたでおてだまをつくった。
こめをいれた。
おもかった。
ちょっとちいさかった。
でもやりやすかった。
オレンジと　はいいろだった。
うれしかった。
22回できた。
おふろにはいんなかった。
うれしかった。

お母さんが作った小さな米俵のお手玉です。配色も書いています。一年生最後の「わざの発表会」で発表するために、練習していました。学校にあるお手玉では十分にできないし、気に入ったのはすぐに取られてしまいます。作ってもらった子がいて、きっとお母さんにせがんだのだと思います。昼間、仕事でお母さんも疲れているだろうなと思いつつも、かずしのために一生懸命でした。

## 人の主語がない

一月二十日　よなか
きのうおきてそとをみたらゆきがふってなかった。
それでまたねたけどまたおきた。でもふってなかった。
それでパパのところでねた
あさにまたみたけどゆきがなかった。
それでパパにおこされて学校にいった。

この日、天気予報では「今夜、雪が降る」と言っていたのをかずしも知っていました。何人かの子が夜中に起きて雪が降っているかどうか確かめていました。雪を楽しみにしている気持ちがわかります。それからしばらくして本当に雪が降りました。

二月四日　ゆきであそんだこと
きょう　こうていでゆきあそびをした。

もんのところにいった
みずがたれてた。
そこで　みずがたれてたところで　あたまをぬらした
ゆきぐつもあらったけど　きれいになんなかった
くつしたもわざとぬらした。
たのしかった。

前の晩から降り積もった雪でした。この日は快晴で暖かくなってきました。門の近くにある体育倉庫の屋根の雪も溶け始めていました。屋根から雪解けの水がたれています。雪合戦や雪だるま作りにあきてきて、水遊びを始めたのでした。

彼の文章には、時どき、濁点が抜けていることがありました。「ねんどてあそぶ」（ねんどであそぶ）「ままか」（ままが）、また、自分を主語とした「ぼくが」がなかなか書かれてきませんでした。これはどういうことなのか考えてみました。文字やことばの学習の不十分さというより、ある事実を頭に思い浮かべて、その時のことを文にするには、思い浮かべているイメージがあいまいで、不確かな所が出てくるのではないかと思います。主語については自分と他の者とのかかわりの不明瞭さと、その時に自分が感じている感情（気持ち）が何で、どんな事実だったのかを、はっきり自分では見つけられないからではないかと思います。彼が文を書いてくると、かずしを寄せて私は小さな声で読みます。たぶん、かずしだと思って私は読んでいますが、誰だかわからない時には、これは誰がしたの？　と尋ねました。「ぼくだよ」「ママだよ」

と答えてくれるので「そうだったの。そうかあ。」とその場に身をおくようにおしゃべりをします。

## 関係の深まり

三月四日　パパがぐわいわるいこと
きのうのよるからパパはぐわいわるいってゆってる。きのうからゆってる
よるごはんはたべれなかった。きょうのあさごはんもいらないってゆった。
きょうもよるごはんたべないのかなってぼくはおもってる。

大好きなお父さんの体を心配しています。昨日から今朝の様子を見ていて、夕飯も食べられないとしたら大丈夫なのか、「ぼくはおもってる」ところでかずしの不安を覗かせています。一年の最初に書いたのも、お父さんのことでした。父親はサッカーチームのコーチもしているので、かずしのことをよく理解しています。かずしと父親の強い信頼を感じました。

三月四日　きのうごはんをつくるおてつだいをした
きのうのよるごはんのおかずにとんかつをつくった。
ぼくもおてつだいをした。
パパがこむぎことたまごをつけた。
ぼくはパンこをつけた。

ままわあげた。
でもパパはほんとわげんきだった。
ママわパパがいがわるいからってゆった。
おてつだいをするときはパパわいっぱいままにたのまれていた。
それでぼくとママとでやってた。

お母さんとお父さんとかずしでトンカツを作っています。それぞれが何をしているかがわかります。かずしにとっても両親にとっても幸せな時間が流れています。彼のことで心を痛めることがたくさんある中で、両親はかずしを認め、共に過ごす時間を大切にし、彼との関係を変えようと努力していました。

かずしは少しでもよくないことを指摘されると、全部否定されたと思い込んでしまいます。自分自身が否定されたと思うのです。落ち着いた時に彼と話をすると、みんなとやりたい気持ちが強くあることがわかります。でも、そういう気持ちがあっても、実際の行動は違ってしまうのでした。

みんなと一緒に遊び勉強したい気持ちがあるのに、行動（体）の方はまったく違うことをしてしまう時、その子にとっては、苛立ちと不安と否定的感情が伴って、生きづらくなるのだと思います。しかし、子どもは生きづらさを感じながらも、自分を表現し、居心地のよい場所を見つけようとしていました。表に現れる姿からだけではなく、言動の奥にある気持ちをくみ取り認めていく学校や家庭のさまざまな大人たちとかかわりを持つことで、子どもは次を目指す新しい動きを自分の中に創り出していくのだと思いました。

## 3　安心感のつながりを築く（二〇〇六年度二年生）

子どもが発することばや声、表情や身振り、動作や歌や絵、話しことばや書きことばで表されたものには、子どもの全身を通して、その子のものの見方や考え方、今、どんな心持ちでいるのかが表現されています。ですからこれらの表現は、どんな現れ方をしても、その子自身のものであり固有のものなのです。子どもがさまざまな仕方で表現する時、そこにどんな意味を子どもは見いだしているのでしょうか。どのような人やものとのかかわりが生まれてくるのでしょうか。

### （1）「ぼくってじゃま？」

四月、クラス替えになりとおるは私のクラスになりました。朝、教室に行くと、床にランドセルが投げ出されています。学校に来ていることはわかりますが、どこにいるのかは日によってちがいます。校庭だったり中庭だったり、体育館にいるときもあるし特別教室に入りこんでしまうこともありました。とおるは人なつこく、学校のどの職員にも話しかけます。虫や生きものが好きなとおるは、観察池や花壇の周りにいることが多く、一日のほとんどをあちこち移動して、時どき教室にやってきては近くで本を読んだり歩きまわったりしている学校生活が続いていました。

桜の花びらが散り始めたころ、授業中に、「ボールを投げて花びらを落としている」と、子どもの声がしました。外に目をやると、散ってくる花びらをとおるは目で追いかけていました。とおるには「散らしたかったのね、きれいだものね。」と言いました。叱られると思っていた顔が少し和らぎました。給食準備中に、私と教卓で桜の木を描くことにしました。幹の色をよく見てきて傷まで描いています。おしゃべりのなかで、「ぼくってじゃま?」のことばがひっかかりました。

朝、とおるが職員室にやってきて、「なあんだ」と言って見せてくれたものがあります。お店で買ったという緑色の指輪でした。女の子たちが見たら欲しがるだろうと思われる子ども用の指輪でした。「先生にあげる」私は指輪を小指にはめて、「友だちね」と言うととおるは満足そうに笑いました。

## (2) 痛みを感じる

### 先生と脳みそ交換

暖かい季節になると、毎日観察池に行ってオタマジャクシを大量にとってきました。オタマジャクシにやる茹でたほうれん草は私が持ってくることになっていました。私は二回忘れました。朝の会が始まる前に職員室にきたとおるは、私の膝にのり抱かれたまま、こんなことを言いだしました。「先生ののうとぼくののうを交換すればいい……。」「のうって、脳みそのこと? ちょっと待って。今、書くから」と言って、とおるに見せました。

まーた　ほうれんそう
せんせいの　のうと
ぼくの　のうを

こうかんすればいい
ぼくは　べんきょうは
できないけど
わすれない
しゅじゅつをしなくても
とりかえられる

題もつけました。忘れたのが二度目だから「まーた」なのだと言います。餌を忘れた私を責めるわけでもなく、忘れっぽい私へのいたわりや気遣いを感じさせます。と同時に、本当は勉強したいんだなと思いました。

オタマジャクシを捕まえてきては丸型水槽の中に入れ、いつの間にか黒い塊で埋め尽くされてしまいました。「オレがつかまえてきたオタマジャクシ」だから他の子は手が出せずにいました。このままではみんな死んでしまうと説得し、とおるの気持ちのわかる友だち二人と観察池に戻すことにしました。途中で何かにつまずいて水槽がひっくり返えりました。「アリが食べてるよ」ととおる、「死んでもほかの生きものの命になれば無駄にはならないよ」と私。かわいそうだねと言いながら死んだオタマジャクシを埋めてやり、「オレが死なしちゃったんだよな」と目をつぶって拝んでいました。

## ぼくがわるかった

職員室で仕事をしていると、とおるが虫かごを持って、私の机の前に立っていました。学童の帰りで、カナヘビの虫かごを返しに来たのだと言います。

「虫かごを学童に、もっていっちゃったの。どうしよう。返せない。」

他の人の虫かごを持っていってしまったことでとおるは困ってどうしたらよいか私の所へきたのでした。持ち主の家に電話をし、とおるにそうたと話をさせました。とおるは持ってきてしまったことを「ごめんな」と謝り、そうたは「うん、うん」と聞いていたようでした。もう六時を過ぎていたので、そうたが家の人とくるまで私が虫かごを預かり手渡すことをとおるに告げると、彼は安心して帰りました。無事に虫かごはそうたに戻りました。翌日、「とおるとそうたのちょっといい話」をみんなにも話してやりました。

一年生が育てていたカブトムシの幼虫がいなくなり、ウッドデッキに土が散乱していたことがありました。掃除の時間、ウッドデッキの隅に土の入った水槽が置いてあるのが目に入りました。もしかしたらと思ってとおるに確かめます。最初は一年の先生からもらったと言っていましたが、幼虫がどうしても欲しくて持ってきたことがわかりました。幼虫に触ると無事に成虫になれないこと、欲しいときは先生に言えばいいことを何度も言われていたのですが、目の前に欲しいものがあると持って行ってしまうのです。昼休みに一年生の三クラスをとおると私で周り、ウッドデッキに散らかった土をかたづけました。その日の五校時、とおるの姿がありません。いつものように校舎の中を歩き回っているのだと思っていたのですが、幼虫の世話をしていた一年生に自分からあやまりに行ったことを後で知りました。生きものが好きなだけに一年生に悪いことをした気持ちになったのでしょう。とおるは人の痛みを感じる子なのです。

## （3）見放さないで

家庭訪問でとおるの家へ行くと、彼は寝ころがっていました。母親が注意をしますが、なかなか言うことをききません。家庭訪問で母親が家にいることのうれしさもあったようです。ちょっとだっだ子のような振る舞いをしています。「言うことをきかないと見放しちゃうから」何気ないお母さんのことばだったのですが、とおるは母親の首に手をかけ、「ぼくを見放さないで」としきりに言っているのでした。「ちゃんとすれば見放さないよ」母親は笑ってとおるを抱いています。学校でも席についてちゃんと勉強してほしいと願う親の気持ちからのことばでした。しかし、彼の母親にしがみつく姿勢から、彼が抱いている不安の深さを感じずにはいられませんでした。今までつらさや不安、寂しさをしみ込ませて生きてきたのだろうと思いました。

「見放さないで」は、母親だけに向けられたことばとしてだけではなく、私や同じクラスの子どもたちに対しても、「ぼくを一人にしないで」「ぼくをじゃまものにしないで」「ぼくは、お母さんとみんなと生きていきたい」強い願いとして、とらえていかねばならないと思うのです。

誕生日の母からの手紙にはとおるが両親に愛されて生まれてきたことが書かれていました。

8さいのたん生日おめでとう。


（略）この名前は、おとうさんが何日も考えてきまったものです。お父さんが　いろいろな名前を出してきたけど、いとこにいたり　なんかちがうなぁって　きめられないでいたのですが、「とおる」だけは、すぐにきまりました。「よし!!　とおるだっ」って。

「楽しく生きてほしい」のがお父さんとお母さんのねがいでしたが、8年間、1ばん楽しかったのはお母さんかもしれません。とおるといると、いつも楽しくて、あたたかい気もちになれます。ときどきおこるけどね。しごとでつかれてても、プロじきでんのマッサージをうけると、元気になります。

いつまでも　あたたかい　とおるで　いてくださいね。いつもおうえんしています。

お母さんより

彼の人なつこさからは、安心感のなかで人間としての信頼感が彼を支えてきたことがわかります。しかし、成長の一時期、社会的なコミュニケーションをとることが難しくなった生活上の変化がありました。とおるの「見放さないで」は、ふたたび人と人との信頼を求める人間としての強い願いのことばとして受けとめたいと思います。

## （4）ぼくの家族

朝のスピーチが「夏休みのこと」から「わたしのたからもの」になったときのことです。それぞれ自分が大事にしているものを持ってきて発表していました。発表の後は、「ききたいことはありますか？」の質問コーナーがあります。とおるの番がきていました。

ぼくのたからものは　かぞくです。
（どうしてかというと・・・教師が補いました）
おかねでかえないからです。
お母さんとお父さんは　りこんしました。
三人でくらしています。
お父さんは　いつもはいないけど
うんどうかいなんかに　きてくれる。

とおるがこういう話をするとは思ってもいませんでした。私は話してくれたことだけでうれしかったのです。このあとに質問コーナーがあります。離婚のことを質問されたら、とおるが返答に困るのではないかと案じました。私が次の人に話してもらおうとした時、彼は、「ききたいこと　ぼく言ってない。言いたい。」と言って、「ききたいことありますか」と、自分でどんどん進めていってしまいました。聞いている子どもたちは遠慮無くわからないことを質問していきます。

「離婚生活はさびしいですか？」「さびしい」

「運動会とか○○会じゃなくて、お父さんに会えるのはありますか？」「誕生日の時、ホテルへ行く」

「離婚した理由は？」「わかりません」

話はここで終わりました。これ以上、子どもたちも尋ねませんでした。とおるにもわからないことだからです。


とおるの選んだ「たからもの」が物質的なものではなかったことが、彼のなかで何かが変わりつつあることを感じさせます。彼にとって母と妹三人の家族の絆がどれほど大切なものか、「ぼくたちは、いつも一緒だよ。お母さんはぼくを見放していない。」という安心感と、もう見放されたくないという強い意思も感じられました。とおるが自分の生活と向き合ったスピーチでした。

いつもなら、話す番が来ても、座り込んでいるか別の部屋にいるかでしたが、この時ばかりは、前に立ち、はっきりとみんなに伝えたのです。学級の前に自分を出せる、出しても大丈夫、質問も受けとめられたという自信と、学級の子どもたちへの信頼が芽生えてきていました。

## （5）「音読するよ」

月に一回程度ですが母親と子どものことを話す機会を持っていました。学校では、一人でよく本を読んでいるので国語の音読はどうか聞いてみました。家では上手に音読していることを聞きました。翌日、登校してきたとおるに、「お母さんから聞いたよ。『きつねのおきゃくさま』（教育出版二年上）の音読してくれるかな」と頼んでみました。「いいよ」と快い返事。国語の時間になると、すぐに前に出てきて、読み始めます。この日に、勉強するところにきたので、「今日やることは……」と私が言い始めると、「全部読む」と、私に寄りかかりながら全文を読み通しました。読み終わると、拍手が起きました。

翌日、ゆうが、自由帳を見せてくれました。

国語の時間に　とおるくんが
『きつねのおきゃくさま』を読んでくれたこと

先生が
「ここからここまで読んで。」

ととおるくんに言いました。とおるくんが
「えーぜんぶ読みたい。」

と言いました。

とおるくんが　きつねのおきゃくさまを読みました。とおるくんは、きつねのおきゃくさまを読むのがはじめてなのに　あんまりつっかからないで読んでいました。

わたしは　はじめて読んだときは、いっぱいまちがえて読んでいっぱいつっかかりました。

とおるくんは、まだならってないかん字もすらすら読んでいました。

わたしが読めなかったとこやわたしがつっかかっ　たところをとおるくんは、すらすら読んでいたのですごいなぁと思いました。

とおるの八歳の誕生日を待って、お母さんからの手紙とゆうの文を載せて、十月十二日の学級通信文集「にじ」を読んだのでした。

## (6) オレのこころは、なかった

体育なのでみんな外へ出て行き、最後にとおるが残っていました。となりの教室を廊下から見つめたまま、固まっています。どうしたのか尋ねると、「みんなにバカにされた。男全員。女は言ってない。」と悲しそうにしていました。親指を下にしたり中指を立てたりを両方の手で交互にやり「バーカ」「死ね」と言っていたと話してくれました。

とおるは、「ぼくの気持ちは、オレは、もう、心はなかった。オレは、もうそんとき心はなかった。」と、吐き捨てるように言っていました。体育が終わってから、「さっきのこと、大事なことだから書いて」と言うと、教室に置いてある「一ばんつよい気もちになったときのことを詩にかこう!」の用紙に、

くやしい
オレはもう心は
なかった。

と書いて持ってきました。強い筆圧で、「レ」を何度も重ねて塗りつぶすように、力を入れた文字で書かれていました。そこには、彼の悔しさがにじみ出ていました。同じクラスの子たちには受け入れられて

いると思っています。一緒に授業をすることがほとんどなくても、とおるの優しさや面白さを知っているので馬鹿にされるようなことはなかったのです。でも、私には、同じクラスの中にも、とおるに対して快く思っていないと感じていることがあるのではないかと思うこともありました。彼をクラスから孤立させてはならない気持ちが私には働いていたので、とおるのくやしい気持ちを知ってもらうためにも、この詩をクラスで読みたいと思っていました。かなり経ってから、この詩を読むことになりました。

「ぼくも心がなくなったことある」「どうしてこの詩を書こうとおもったの？」「だれが言ったの？」「心がなくなるってどういうこと？」「やりかえせば」「無視すればいいよ」と、次々に発言が出てくるうちに、読むことを「いいよ」と言ったものの、とおるは私に寄りかかり抱かれてもじもじするばかりでした。このままではとおるの気持ちをわかってもらうことにはならないと思いました。子どもたちに、思ったことや感じたことを書いてもらうことにしました。その間に、とおるは教室から出て行ってしまいました。

○　だれとけんかしたんだ。よくかんがえてから　そのけんかしたこに　ゆえばいいんじゃない。
○　とおるくんは、二組のみんなにいわれたわけじゃないんでしょ。わたしもそういうことがあります。
だから　とおるくんも　あんまり強くないんだね。
○　かなしいと思うけど　つぎ　がんばればいいね。わたしもとおるくんとおなじたちばになったら
　とおるくんとおなじように　くやしいな。心がなくなるとまわりが　しーんとなったようなかん
じで　まっくらなようになって　ぼうっとなるけど　このことを出すとすっきりして心がかえって
きたようなかんじだね。（あお）

○ わたしだったら、おなじことをゆって、おなじめにあわせたい。とおる、そのことをわすれて。わすれなかったら、おもしろいことをかんがえてごらん。

○ とおるくんは、なんかわるぐち言われてる時くやしかったんだよね。この詩でとおるくんの気もちよくわかったよ。でもわたしだったらずーっと心の中でせおっちゃうよ。

○ さいやくだな。ぼくもそんなことがあってぼくもおなじきもちになったことがあります。このかみにかかないと心におさめられなかった。

授業が終わったころ、とおるは戻ってきました。彼には四十人の感想を読んで聞かせました。いつもよく遊んでいる学童の仲間は「こんどやられたらやりかえせ」と檄をとばすように書いていました。とおるのことを想像して書いた子や自分だったらどうするかを考えた子、とおるの弱さに気づいた子もいました。彼は、あおが書いたのが自分の気持ちに一番近いと言っていました。自分が固まってしまった時のことを思い出して、あおのことばに自分のことを重ねていたのだと思います。

他の子たちが書いた感想を読むことで、とおると同じように思う子もいるし、弱さを指摘する子もいる、とおるのことを他の子たちが認めると同様に、とおるにも自分とは違う思いや考えを持っていることを受けとめてほしいと思っていました。そこで、子どもたちの感想文を持たせ、母親と一緒に読んでもらうことにしました。お母さんから次のようなお返事が届きました。

〈とおるが嫌な言葉をかけられているのは、よく聞いています。最近は、くやしかったことも話してくれるようになりました。……とおるの詩を読んで、気持ちは痛いほどわかりました。クラスメートの言葉も読みましたが、とても優しくて有り難かったです。
とおるは一組が大好きだそうです。一番好きな場所は？　と聞いたら、学校の教室と言っていました。友だちの話も最近するようになり、学校に行くのも楽しそうで、少しホッとしています……〉
母親も彼の気持を理解し、いろいろな気持ちを話し合っていることがわかりました。

子どもの発言の中に、くやしさをわかろうとするよりも、「無視すればいい」「やりかえせば」というような相手に怒りをぶつける行動をとることに、彼は違和感を覚えたのではないかと思うのです。とおるは、くやしい自分の気持ちをわかってもらいたかったのに、他の子の反応がそうでなかったので、自分のほうからは言えずに、もじもじしていたのだと思います。みんなの感想のなかで、あおが書いたのに近いということで、そのことがわかりました。

十二月にサケの卵が教室にきてから、とおるは毎日、水の温度や餌やりの仕事をしっかりやっていました。サケの飼育を任され、教室にいることが多くなりました。十二月十四日。二時間目の勉強が終わった時、「生まれてる！」とおるの叫び声が上がりました。サケの赤ちゃんが生まれたのです。「サケ新聞」にとおるは「目から　さきにだして　しっぽから　ぐぐってあげだすの　おなかのやつを下にボンって　つき出してて　もう　たまごのからを　ぬぎすてる」と書いていました。

逃れようとしても逃れられない現実のなかで、子どもはもがいたり葛藤したりしています。その生活にただ従っていても何も楽しいことはありません。寂しくて悲しいことばかりで、自分ではどうにもならないと感じてしまいます。それなら、現実を見ることはしないで、自分がやりたいように行動することで、自分を保とうとします。でも、そうすればするほど、周りの人たちと摩擦が起き、かえって寂しさがつのってきてしまうのです。

彼が求めていたのは、決して「見放されない」安心した関係を築き、最も身近な人たち――母親・妹・学級・担任――とのつながりのなかで、自分を認めてもらいたかったのだと思います。この安心した関係が築かれていくなかで、周りの人たちや生きもの、そして自分と向き合っていくことを学んできました。

# 第4章　共に学び合う

学校教育には、共同でことやものに向かう場面がたくさんあります。授業はもちろんのこと、学校や学年・学級でおこなわれる行事には、互いに影響を与えつつ、子どものかしこくなりたい意欲を引き出してくれます。共に学び合うことには、二つの意味があると思います。

一つは、同じ目的のもとに、それぞれが持っている課題に取り組み、練習を積み上げ、みんなでやりきった一体感を味わい、次へ向かうエネルギーに変えていく共同です。運動会や学芸会など、表現創作活動や栽培活動でおこなってきました。

もう一つは、違う考えや意見のやりとりの過程で生み出されてくる共同です。授業の中の話し合いや読み合う活動が主ですが、子どもと子どもの受けとめる・受けとめられるというやりとりが、基本にあります。一対一でも一対多でも、この関係がつくられていくところに、共感が成り立つのだと思います。

ここでは、詩の読み合いと、『さけが大きくなるまで』（二年生国語・ひろがることば　教育出版社）説明文の授業の中から、子どもたちの共に学ぶ姿が生み出されていく過程について考えてみたいと思います。

## 1　読み合うことで友だちと心を寄せ合う（二〇〇六年度二年生）

一人ひとりが綴った詩や作文、日記やあのねノートには、子どもが感じとった人やもの、生活が詰め込まれています。それをその子だけのものにしないで、クラスの子どもたちと読み合えたら、書いた子にも読んだ子にも新しい世界が開けてくると思います。

読み合うことについて考えてみたいと思います。

先生に読んでほしい、お母さんに読んでほしい、友だちに読んでほしいと、読んでもらいたい人を決めて書くこともありますが、子どもは自分が書きたいことを綴るのですから、最初からクラスのみんなに読んでもらおうと思って書いているわけではありません。でも、自分の書いたものが学級通信や文集に載り、みんなが読んでくれると、子どもは喜びます。

うれしいことだったら、うれしさが他の子たちにも伝わり、何倍にもふくらんできます。反対に、悲しいことだったら、書いた子どもが一人で背負わないで、みんなと読むことで悲しみを小さく軽くしてくれます。

詩や作文には、書き手の見方や感じ方で体験したことが書かれています。読み手がそれを読む時、書いた子の体験を想像します。想像しながら、自分の感じ方と同じだと思ったり少し違うと思ったり、自分自身の似たような体験を思い出したりします。クラスで読み合うというのは、これらのさまざまな感じ方や体験がことばとして声に出され、子どもたちのなかに届けられていくことだと思うのです。

一年生の最初のころは、どんなものでも、朝の会や帰りの会でみんなに読んで聞かせることが主でした。みんなに読まれることを喜ぶ一方で、「誰にも読まないで。先生だけ」と言う子も出てきました。子どもは、わかっています。みんなに読まれたらどう思われるか不安があるのです。周りにいるクラスの子どもたちだけでなく、お母さんや先生はちゃんと受けとめてくれるかどうかと、安心できない時は、読んでほしいとは言えないのです。そういう時は、書いた子と教師の間で読み、時間をかけながら、子どもどうしや親とのつながりを築いていくことにしました。子どもを尊重することは、その子が何を書きたかったのかをつかんで、その意思に沿って前へ進む手助けをすることだと思います。
二年生になると、時間をとって読み合うこともするようになりました。

## (1) むりしないでね――必死に生きる姿を見て

りょうたは、虫とりが大好きで、放課後は近くの草原で虫探しをしています。友だちとナナフシを見つけたり、カナヘビの卵があると、土の上に枯れ葉をおいて温めたりしているような子です。二学期に詩を書く時間がありました。その時に書いた詩です。

おみまい

りょうた

びょういんにいった。
おばあちゃんの目が
あんまりあいてなかった。
いきのこえが、大きかった。
おなかがはれてた。
くるしそうに、こえを
ウーとあげてた。
おなかがふくれていたから

からだをよこにしていた。
ぼくは、手をおおきくひらいて
おばあちゃんもおおきくてを
ひらいてくれた。
ぼくは、てんごくにいってねっ
と思って　てをにぎりしめた。
さいごのあくしゅだった。
ばあばの、おわかれのことばは、
むりしないでねとやきゅうがんばってね
だった。
ぼくのおわかれのことばも、
むりしないでね
だった。

りょうたの詩を読んで、自分が一番感じたところに線を引いて、感じたことを書いてもらいました。

■かわいそうだね。おばあちゃんもたいへんだし、たいせつだもんね。ぼくもそういうことをけいけんしたら、かなしくなるよ。りょうたくんはやさしいんだね。ぼくが生まれてないとき、お父さんのお父さんがしんでしまった。ときいた。だからあまりあってないと、言っていた。

■ぼくは、こう思いました。いのちは　いつかおわりがくる。でも　あえないのはやだ。

■りょうたくんかわいそう。おじいちゃんがにゅういんしてたけど　すぐかえってきたよ。おみまいにも何回もいったよ。りょうたくんのおばあちゃんは、つらそうだったね。りょうたくんもつらそうだね。

■りょうたくん　かわいそうだね。おばあちゃん　がんばって手をひらいてくれたんだね。りょうたくんおばあちゃんのこと、よく見ていたね。

■ぼくもひいばあちゃんが死んじゃいました。だから、りょうたくんと同じです。

■さいごに、おばあちゃんが　さいごに、むりしないでねてと言ってくれてよかったね。

■よく　りょうたくんかけたね。ばあばあもくるしそうだったね。ちばのおばあちゃんも一回がんになったけど　すぐびょういんにいったからへいきだったよ。

■ぼくは、りょうたくんのうえに　かならずおばあちゃんは、いるよ。（と思った）

■りょうたくんは、おばあちゃんがしんでほしくないんだ。わたしもそういうことがありました。お母さんがなんかのびょうきになってかえるとき、わたしと妹で「まま　しんじゃうの」とお父さんに聞きました。そのとき妹は、ないていました。

■わたしもそういうたいけんがあります。りょうたくんは本当ははなれたくなかったんだよね。わたしもりょうたくんの気もちやおばあちゃんの気もちわかります。

■ぼくは、りょうたくんのおばあちゃんみたいなおじいちゃん56さいでしんじゃいました。

■りょうたくんは、おばあちゃんのことがくるしそうだったから　あくしゅをしたんだね。おばあちゃん　りょうたくんのこと見ているとおもうよ。

■りょうたくんは、おばあちゃんがすごくすきだったんだね。あと、おばあちゃんもりょうたくんの気もちすっごくわかったと思うよ。わたしは、ひいおばあちゃんが、わたしが生まれてすぐに天ごくに行っちゃったよ。まだいちどもあっていないのに・・・。

■ぼくは、いっぱいあくしゅをした、おにいちゃんは、あまり、あくしゅをしなかった。おわかれのあくしゅだった。いままでのおわかれのしゃしんをいれた。すっごくさみしかった。（りょうた）

おばあちゃんの目が
あんまりあいてなかった。
いきのこえが、大きかった。
おなかがはれてた。
くるしそうに、こえを
ウーとあげてた。
おなかがふくれていたから
からだをよこにしていた。

ほとんどの子どもたちが線を引いたところです。りょうたは、苦しそうな祖母をしっかり見つめて書いていました。あんまりあいていない目、大きい息、腫れているお腹、うなり声、そこに苦しさに耐え、必死に生きようとしている祖母の姿を見たと思います。自分から、手を広げ祖母も大きく手を広げました。祖母にとっては今生きているすべての力を振り絞って、りょうたに応えなければならないと思えるように大きく広げられた手でした。祖母が握り、りょうたが握りしめた時に、二人の間にさまざまな思いや感情が行き交ったのではないでしょうか。りょうたにおくる最後のことば「むりしないでねとやきゅうがんばってね」には、かわいがっていたりょうたとの思い出がたくさんあり、りょうたらしく生きよと言っているようでした。

子どもが身近な人の死に直面することはあまりありません。ですが、死についてまったく考えていないかというとそうではないこともわかりました。子どもたちの感想のなかには、身内や身近な人の死に出会っている子がいました。また、親が入院するような病気だとわかると、死への不安を大きく感じてしまう子もいました。祖母とりょうたのやりとりのなかに、人間の生きる強さを感じとっていたのではないかと思いました。

## おかあさんの手紙

りょうたの詩と子どもたちの感想を持たせました。お母さんから次のような手紙が届きました。

「おみまい」を読んで

先月、りょうたは祖母を亡くしました。四月に病気とわかり、七ヵ月間の短い闘病生活でした。治療で、髪の毛が抜け落ちてしまった祖母と初めて会った時は、聞いて想像はしていても、ショックだったのでしょう……言葉もなく悲しい目でじいっと見つめていました。

おどけてみせる祖母にも少しも笑顔を返せずにいました。

天国で読めるようにと棺の中へ入れる手紙を、ていねいにいつまでも書いていました。りょうたにとって祖母は、自分のことを心配してくれ、かわいがってくれ、悩んでいる時は、気持ちが楽になるような言葉をかけてくれる、大きくて、大切な存在でした。

「おみまい」と、クラスの皆さんが寄せてくださった感想を読んで、久しぶりに涙がでました。クラスの皆さんは、これが祖母との最後になるであろう会話をした息子の心によりそい、もうあまり力の入らなくなってしまった手を大きく広げた祖母に、がんばってひらいてくれたんだね……と、祖母の必死な様子を察してくださいました。

まだほとんどのお子さんが、自分をかわいがってくれている身近な人との別れを経験したことはないのでしょうにね……人の気持ちを自分のことのように感じることができる心優しいお子さん達だなと感激も致しました。

先生のご指導のもと、その時の光景が目に浮かぶような詩を書くことができて、我が子ながら、上手に書けたなと感心いたしました。本人にとっても自信作のようです。

この詩の音読の宿題のあとで、天国から祖母が、「あの時、りょうたくんは　ばあばのこと、こんなによく見ていてくれたんだね。ばあばもあの時、りょうたくんの顔をずっとおぼえていたいと思ってよく見ておいたんだよ。」って話しかけてくれるんじゃないかな～と、話していました。

翌日、りょうたが自分の詩をお母さんの前で読んだこと、祖母とりょうたとのかかわりからりょうたにとっては頼りになる祖母であったこと、子どもたちが書いた感想をお母さんが受けとめてくれたこと、おばあさんが亡くなったことが書いてあるお母さんからの手紙を子どもたちに読んでやりました。私の父も同じように苦しんで最後の最後まで生きて手をふって亡くなったことも話してやりました。

## （2）静けさの空気のなかで母を思う

題の「しっしー」を黒板に書きました。「なんだと思う?」と問いかけます。「しっしーって、あっちへ行け」「あっ、しーってしずかに?」こんな会話をしながら一行目から書いていきました。一行書くたびに、「ねていたんだ」「ねこがいるんだ」「なんて名前かな」小さな声が聞こえてきます。

しっしー

さき

ままは、ねていた。
きもちよさそうに。
わたしと、
いもうととおとうとは、
しずかにあそんでいる。
ねこが、
下りてきた。
ねこのすずが、

ちりんちりんとなった。
ままは、
足がすこしうごいた。
三人いっしょに、
しーっと言った。
三人いっしょに
しずかにあそんでいた。

■お母さんのために　しずかに三人であそんでいた。おこさないで三人であそんだのがすごかった。

■ぼくは、お母さんがねてる時、妹とぼくであそんだ時がありあました。でもしずかにあそんでると中、お母さんがすぐおきちゃいます。

■ぼくもしずかにあそんでる。ねこがいるんだ!!　ねこはうちの中にいるんだ！　おきそうだ！

■ぼくのお母さんもつかれたからって先にねたことがあります。お母さんがねてるときはドアをしめてあそんでます。

■さきのおかあさんは、きっとつかれていたんだな。しずかにあそんでいるのはいいね。「ちりんちりん」その音かわいいね。おきるところだったね。「三人いっしょに……」おきちゃうからね。「しずかにあそんだ」わたしは、そういうことないよ。

■わたしは、ねこのすずがなったときに　やばいって思って　ねこをそうっとつかまえるけどな。ねこににげられるとまたすずがなってママがおきちゃうから。

■「しっしー」って　ほんとにしずかにしてというきもちがある。わたしなら、もうふとふとんをとっておこします。「ちりんちりん」のところで　さきさんは「あっ。」と思ったかな　わたしだったら「あっ。」と思うよ「しーっ」あわてるかんじがするよ

■ぼくだったらひまになっていっしょにねるかゲームやるよ

■ぼくのおかあさんは　ねたくてもやることがたくさんで　ねたくても　なかなか　ねれるときがあまりないよ。ぼくもしずかに本をよんだりするよ。

■お母さんがねている時わたしもいっしょにねる。わたしのお母さんもよくこういうことがあります。わたしもそういう時おりがみをおっていたりする。お母さんは、手がうごいたりいろんなところがうごく。「三人いっしょに……」きがあうなぁー。

■わたしだったら　お母さんを、おこしたりしゅくだいやめてお母さんにマッサージやってあげるよ。弟は、どんどんしてあそんでてて、わたしがあたまにきて大きい声でつい「しずかに！」っていっちゃうよ。

■さきちゃんは、お母さんがねていて、おこさせたら　たいへんだと思って　少し小さな声で本を読んでいたのかな。ねこがおりてきたから「お母さんがねているよ。」とねこに言うようにして心で思ったんじゃないかな。わたしは、お父さんが　ねているのに、妹におこって　お父さんがおきたことがあります。

お母さんは疲れていたのかもしれないけれど、その眠りをとめてはいけない、そのまま静かに眠らせておきたいというさきの思いがあふれています。感想の中にもあるように疲れていたら直接お母さんに働き

かけて、マッサージなどを積極的に行動する子どももいます。でも、さきは起こさないで周りの静けさを保つことに心を配っていました。お母さんの今の状態をそのまま大事にして受けとめるさきに芯のある優しさを見たのでした。

## （3）気持ち、わかるよ

カードをやぶった

まさひろ

妹がぼくのゆうぎ王カードを
ビリビリにやぶきました。

ぼくが妹に
「やぶっちゃだめ」

と大ごえで言いました。

妹がなきました。

ぼくは、

「まだ3さいだからしょうがないか」

と思いました。

ぼくは、妹に
「ごめんね」

と言いました。

■くやしかっただろうな　それじゃあおこるよな。でもちゃんとゆるしてあげたんだ。3さいなのか。

■わたしも　それに　にたことがあります。まさひろくんは、すっごくむかついたんですね。わたしは　もう　おられていました。そのとき　すっごく　むかつきました。くやしいね。そうとうつよく　いったね、わたしもあるよ。やさしいね。

■ぼくも、5年生に、デールマスターズのカードをぐちゃぐちゃにされて、ずーっとないていました。ぼくは、まだそのことが（を）おぼえています。それをおもいだすと　さみしくなってかなしいときがあるんです。

■私も、私のものなのにだいじなものをとられて、「こらー、なにいじくってるのよー」って言いました。そしたら、妹が「お母さ～～ん　おねえちゃんがいじめたー。」って言って、私が、「いじめてないよ。」っていって、あとから　妹が、「べー。」ってやってきたことがありました。

■ぼくだったら妹がやぶいたら　ほっといてもかわいそうだから　ごっごっごっめ～～んて、いうね。（「ごめんね」と言ったところ）ぼくだったらごめんねなんかいわないでほっとくね。

■わたしもお兄ちゃんのカードをやぶったことがあります。お兄ちゃんだったら「ごめんね」なんて言わないで　ぼかぼかになぐられて　けられます。自分であやまってえらいね。

■ビリビリってやぶいたときは、おこるよね。そりゃーだって2まいもやぶかれたからね。わたしは、思いました。わたしには、妹はいないけど、ないたときは、わたしは、ないちゃったどうしようって思います。まさひろくんは、あーあないちゃったっていうきもちだったんだしょ。

■ゆうぎ王カードを妹がビリビリにやぶいたんでしょ。ゆうぎ王カードが、たいせつなんでしょ。「やぶっちゃだめ」って言ったんでしょ。大ごえで。どのくらい大ごえなの？　妹、まだ3才なんだよね。まだ赤ちゃんだから　やぶいちゃうんだよね　どんどんせいちょうしてまさひろくんのいうこと　きいてほしいね。

兄弟のいる子どもたちにとってはこの詩にあるようなことは日常茶飯事のことです。自分のことを話したくてたまらない様子でした。まさひろが勉強しているときのことだと話していました。兄や姉の子は、下の子が泣いてしまうとたいていは自分が叱られます。その立場から考えると、大声で怒ることに同感しています。妹が泣いた時、まさひろは妹の側になって考えています。以前のまさひろだったら、「妹が泣きました」で終わってしまっただろうと思います。まさひろの変化を見たのでこの詩を読み合いたいと思ったのです。最後の「ごめんね」には、三歳の妹に大声を出して悪かったな、ずっと泣かれたら自分が叱られるな、しょうがないなという気持ちがあったと思います。

破かれたカードは二枚で、セロテープで貼り合わせたそうです。展覧会の日に、お父さんに連れられて妹さんが来ていました。にこにこ顔の優しいお兄さんになっていました。

読み合うことで大切にしているのは、書き手と読み手が一つの綴ったものを介して、自分を語ることが自由にできることです。綴られたものの中には、書いた子どもが直接出会い感じとった現実の生活が込められています。読む子どもは、それぞれ違う生活をしているのですから同感することもあれば別の気持ちを持つこともあるでしょう。また自分の経験や生活と比べて考えたり、文章から触発されて思い出すことがあったりします。これらがことばとなって子どもたちの心に落ちていく時、異なる体験が出されても、優しさや辛さ、悲しみや喜びを持って、共に生きているのが人間であることを子どもは学んでいくのだと思います。

## 2 疑問が意欲を引き出す（二〇〇八年度二年生）

### もっとやりたい「さけが大きくなるまで」

「さけが大きくなるまで」は、サケに関するこれまでの著作をもとに編集された説明文です。この教材が子どもたちの意欲を引き出していったのには、いくつかのわけがあります。一年生の時に、サケの卵から育てて放流した経験があります。この時は全員ではなく教科学習に組み入れてはできていませんでした。二年生では教材文にもあり、男の子たちは生きものが大好きです。読み進めながら卵を観察し、稚魚となっていくサケの成長を追うことができます。さらに国語・生活科・図工にもまたがって、可能性の広がる教材として位置づけて授業に取り組むことにしました。

ところで私は、さけの遡上や産卵を自分の目で見たことがありませんでした。十一月下旬、学習発表会の代休に、新潟県三面川にサケの遡上と産卵の場面を見ることができました。感動でした。自分の感動も伝えたいという気持ちもあります。写真を撮り、地域の人に話を聞き、ビデオなども準備しました。

できるだけ子どもが実感のこもったことばで語れるようにしたい、疑問を出して追求していけるようにしたいと思いました。子どもたちと疑問を解きながら、共に学習する楽しさを味わっていきたいと思いました。

## （1）学級の様子

男子十七人、女子十一人。人の意見をよく聞き自分から発言し学習に向かう、自分の言いたいことを積極的に発言する、気が向いたときだけ学習に向かう、何も感じないと言って感想が書けない、自分の席に落ち着けないというように、実にさまざまな子どもたちがいるクラスです。全体的に、一人でおこなう作業的な学習（漢字の練習や計算）は好んでよくやります。また、一人で読書をしたり作文を書いたりすることは好きです。しかし、話し合いが入るような学習になると、意見を言う子と自分のやりたいことだけをしている子というように分かれ、人とかかわりを持ちながら、進めていくような学習が課題となっていました。

（全文）さけが大きくなるまで

さけは、北の海にすむ大きな魚です。あの七十センチメートルほどもある魚は、どこで生まれ、どのようにして大きくなったのでしょう。秋になるころから、大人のさけは、たくさんあつまって、たまごをうみに、海から川へやってきます。

そして、いきおいよく川を上ります。三メートルぐらいのたきでものりこえて、川上へ川上へとすすんでいきます。

やがて、水のきれいな川上にたどりつくと、さけは、おびれをふるわせて、すなや小石の川ぞこをほります。ふかさが五十センチメートルぐらいになると、そのあなのそこにたくさんのたまごをうんで、うめてしまいます。

冬の間に、たまごからさけの赤ちゃんが生まれます。大きさは二センチメートルぐらいです。はじめは、ちょうど赤いぐみのみのようなものをおなかにつけていますが、やがて、それがなくなって、三センチメートルぐらいの小魚になります。

春になるころ、五センチメートルぐらいになったさけの子どもたちは、海にむかって川を下りはじめます。水にながされながら、いく日もいく日もかかって、川を下っていきます。

川を下ってきたさけの子どもたちは、一か月ぐらいの間、川の水と海の水がまじった川口のところでくらします。その間に、十センチメートルぐらいの大きさになります。

海の水になれて、体がしっかりしてくると、いよいよ、広い海でのくらしがはじまります。海には、たくさんの食べものがあります。それを食べて、ぐんぐん大きくなります。けれども、さめやあざらしなどに、たくさんの仲間が食べられてしまいます。

ぶじに生きのこって大きくなったさけは、三年も四年も海をおよぎまわります。そして、たまごをうむ時には、北の海から自分が生まれたもとの川へかえってくるのです。

### （2）学習の経過

「さけが大きくなるまで」の学習では最初から関心を示し、意欲的に学習していきました。初めて読んだ時の感想や疑問に見られるように、子どもたちの知りたいという要求が溢れています。この知りたい要求を手がかりにして学習計画を立てて進めてきました。低学年の説明文の学習では、子どもの持っている知識や経験と、教師のそれと教材から得られる知識に、相当のズレがあります。教材文の一語一語の背後にある事実をどう子どもたちが理解していくかが、難しいところでした。

第二時間目に、「……大きな魚です。」の文を読んだ時、子どもたちは、「小さい」を連発していました。自分の背の高さと比べていたのです。教師は、「筆者は、大きい魚と言っているけど、どうしてそう思ったのかな」と問いました。「他の魚と比べているんだよ」子どもが発言します。「ああ、そうか」「では、どんな魚？」「さんま」「ししゃも」普段給食などでも食べて知っている魚の名前です。それらと比べて、「大きい」と書かれている意味がわかってきます。

でも、実感はありません。生きているサケは手に入りませんから、休みの日にデパートの食品売り場へ行きました。七十センチメートルくらいのサケを買い、家庭科室の冷蔵庫に入れておきました。翌日、一人ひとりにサケを抱っこしてもらいました。お母さんとデパートへ行った子が、「本物のサケを見た。鯛よりずっと大きかった」と朝の会で報告してくれました。学習していることが、今の生活に生かされて、そこからまた新たな疑問や好奇心が沸いてくると、「勉強って楽しい」という気持ちが起きてくると思います。

さけをもった

さおり

おとといだけどトライアルで　さけをもった。
ちょうど　べんきょうで　もったのと　おなじぐらいだった。

おもかった。つめたかった。それから　こわかった。

なぜか　いっしゅんだけ、さけが　いきてるようだった。

だから　こわかったのかも。

もう　しんじゃってるさけの目が　ぎんに　かがやいてた。

まん中が、丸く、くろくて、そとが　ぎんだった。

きばもあった。きばは、きょうりゅうのように、とがってて、いまにも　たべられそうだった。

きってないさけだった。きってあるさけもあった。ママが
「きってあるさけのほうが大きいみたいね。」

って言った。

うちは　にやりとわらった。


八日には、サケの卵を水槽に入れました。あと一週間もすればサケの赤ちゃんが生まれます。説明文の学習と観察が同時にできるこの教材は、子どもたちにとっても興味深いものとなっています。

第三時間目の海から川へやってくるサケの群れのビデオを見て想像を超えたサケの姿に歓声を挙げていました。三メートルほどもある滝をのりこえるサケの動きを、黒板の上から色テープで滝を作り、模型のさけを使って、さけになったつもりで「のりこえる」動作を数人の子どもが実演しました。なかには、「どうしようかな」と滝壺で考えているサケもいます。「このままでいるとどうなってしまう?」という教師の問いに他の子たちから「流れに流されてしまうよ」の声がかかります。滝を泳ぐようにして上って行か

せようとする子を見て、「のりこえてないよ」「飛ぶんだよ」と実際に模型のサケを飛ばして見せた子もいました。「一生の国語の勉強でさけが大きくなるまでが一番楽しい」と言ってくれたことは嬉しい限りでした。

## （3）最初の疑問

ここから勉強が始まりました。教材文を読んで知りたいことや疑問を書いてもらいました。上の数字は段落番号、下の（　）内は子どもの人数です。

1

■ なんで北の海にすんでいるの？（3）
■ 70㎝もあるの？（2）
■ あの70㎝の「あの」ってどこのこと？
■ 北の海は寒いの？
■ 北の海ってなあに？
■ 何を食べているの？
■ なんで大きいの？

2

■ 秋に集まるのはどうして？
■ 大人のさけって、オスもメスもいるの？
■ 大人のさけだけ、どうして集まるの？
■ たくさん集まるのはどうしてなの？（5）
■ 川上って？（5）
■ 泳いでいるとき、分かれたりするの？

■迷子にならないの？（2）
■どんな泳ぎ方をするの？
■えさは食べないの？
■どうして滝をのぼるの？（5）
■なぜ滝をのぼれるの？
■なぜ、川をのぼるのか？（2）
■川上まで行って卵を産むのはなぜ？（4）
■「やがて」の意味は？
■メートルとセンチメートルって、どう違うの？
■つかれないの？
■尾びれって何？（2）

3

■卵から出る時、どうやって生まれてくるの？（2）
■冬の間にさけの赤ちゃんがどうしてできるの？（2）

■どうして水のきれいな所なの？
■50㎝って？
■どうやって卵を産むの？
■卵は一回に何個ぐらい産むの？（3）
■どこから卵を出すの？
■小石がある場所に埋めるのはなぜ？（10）
■重たい石がのっかってもつぶれないの？
■どうやって埋めるの？
■卵を産んだあとはどうするの？
■めんどうは見ないの？
■死んださけはどうなるの？

■ぐみのようなものをどうしてつけているの？（8）
■ぐみって何？（2）
■おなかについているものは何？（2）

■赤いぐみのようなものはいつとれるの？
■生まれた時から安全なの？
■穴からどうして出られたの？
■赤ちゃんのころは群れで行動するの？
■親がいなくて大丈夫なの？
■早く卵から出たさけは早く出発するのかな？

4

■春になったら５㎝にもなるの？
■成長が早いのはなぜ？
■５㎝ぐらいのさけだけが川を下り始めるの？
■川で何を食べているの？
■水の流れはどのくらい速いの？
■「いく日もいく日も」って？
■春になるころって？
■５㎝ぐらいになったら海に向かうのはなぜ？

5

■小魚ってメダカぐらい？
■海の水と川の水が混ざっているところで１ヵ月もどうしているの？（５）
■川口のところでは、どんなえさを食べるの？（２）

6

■海についたらどうするの？
■海で何を食べるの？
■海に行く行き方が分かるの？
■さめとあざらしは、どうしてさけを食べるの？

7

■　3，4年も泳ぐの？（2）

■　北の海にもどるの？

■　3，4年もたっているのに、生まれたところにどうしてもどれるの？（4）

■　なぜくり返すのかな？

■　ずうっと海を泳ぎ回るの？

■　3，4年も泳ぐのに休まないの？

これだけたくさんの疑問や知りたいことが出されて、知りたいことでいっぱいなのが子どもなのだとつくづく思ったのでした。そして、これらの疑問を授業のなかに組み入れて、計画を立てていくことは楽しみでもありました。

## （4）最後の研究事業――意見が分かれた場面

私は最後の研究授業をおこなうことになりました。産卵の場面です。

「やがて、水のきれいな川上にたどりつくと、さけは、おびれをふるわせて、すなや小石の川ぞこをほります。ふかさが五十センチメートルぐらいになると、そのあなのそこにたくさんのたまごをうんで、うめてしまいます。」

文は、二つしかないのに、含まれている内容が豊富です。一番盛り上がった話し合いの場面はこうでした。（佐藤は私です）

（佐藤）たどりついたね。たどりついたらサケは何をする？

（かずし）卵を産む。

（佐藤）いきなり産んじゃうかぁ。

（子ども男）ちがう。

（子ども女）尾びれをふるわせて砂や石をどかして穴をほる。

（佐藤）どういうこと？（教科書の写真を見て）

（子ども男）左側のサケが、尾びれをふるわせてる。

（子ども男）穴が深くなってる。

（子ども男）にごってる。

（子ども女）体全体使ってる。

（子ども女）ほかのところは石があるのに掘ったところは石とかなくって、何もない状態でにごってる。

（佐藤）二匹いるんだよ、わかる？

（子ども男）わかる、オスとメス。

（子ども男）穴を掘ってるのがメス、穴を掘ってないで尾びれをふるわせてるのがオス。

（子どもたち）はーい、はーい、同じでーす。

（佐藤）どうしてみんな、それがわかるの？

（子ども男）自分で卵を産むから掘ってる。

（かずし）オレ、反対。

（佐藤）反対っていうことは、穴を掘ってるのがオスだと思うのね。ぼくの考えはこうだとしっかり持ってる人。

（子ども女）掘ってる方が卵を産むんだから、だから……オスはただ一緒にいるだけ。

（佐藤）掘ってないのがオスだと思うのね。

（かずし）ちがう。

（佐藤）なんか分かれそう。掘ってるのがメスだと思う人、手を挙げて。（十数人手を挙げる）理由は卵を産むから？

（かずし）（さっきよりはっきりした声で）ちがう。

（子どもたち）ちがうー。ちがうー。（かずしと同じ意見が増えてきた）

（佐藤）掘ってるのがオスだと思う人（十人ほど手が挙がる）

じゃあ、理由教えて。

（かずし）メスは卵を産むのに、疲れていたら卵を産めないかもしれないから。

（子どもたち）同じでーす。

（佐藤）メスは疲れてるから、オスが掘ってあげてる、やさしいオスなんだね。そういうふうに思ったの。

他の理由では？

（子ども男）オスは力が強いから掘ってる。

（佐藤）（ここでオスとメスの絵を見せる）どうちがう？

（子ども男）キバがあるのとキバがない。

（子ども男）キバがある方がオス、ない方がメス。

（佐藤）（掘っているところの絵を見せる）

(子どもたち)(口々に)オスが掘ってる。メスが掘ってる。ちがうよ、オスだよ。メスが掘ってる。メスが掘ってる。

(佐藤)(今度は写真を見せる)

(子どもたち)ほら、メス。

(子ども男)だからメスが掘ってる。

(佐藤)メスもオスも川上へやっとたどりついたんだね。メスは疲れてるからオスが掘るって、やさしい考えだと思う。メスは力を振り絞って穴を掘ってる。じゃぁ、オスは何してるんだろう?

(子ども男)オスはメスが掘ってるのを守ってるー。

(子どもたち)同じでーす。同じでーす。

(佐藤)だれから守るの?

(子ども男)もし、そのオスがリーダーだったとしたら、みんなのことを守らなきゃいけないから、敵がいないか守ってる。

(子ども男)オスがもし、メスが卵を産む時に、後ろから卵を食べる天敵がきたら怖いから、だから大勢の群れで川上へ行ってメスが卵を産み終わるまで天敵から守ってる。

(子ども男)穴を掘るのを応援してる。

(佐藤)がんばれよって。

(子どもたち)同じでーす。同じでーす。

(子ども男)穴を掘ってる時に相手がこないように追っ払う。

(子どもたち)同じでーす。

（子ども女）先にメスがいろいろやって、あとでオスがやる。

かずしが「オレ、反対」と言うまでは、全体が同じように考えているような感じでした。反対の声によって、「どっちだろうか」子どもに迷いが出てきました。教科書の写真だけでははっきりしないのです。理由を聞いてみると、なるほどと思う理由です。かずしの発言のおかげで、オスとメスの体の違いや役割まで話し合いが進んでいきました。それにしても、ほとんどの子どもが、メスが掘っていると主張しているなかで、違う考えを持っていることを主張し続けたかずしの自己の強さに驚かされたのでした。一年生のころの自己否定的だったかずしに、違いを認め合う気持ちが育ってきていることを感じていました。授業の終わりの感想の中にこんなのがありました。

■さけのことがきょうのべんきょうでよくわかったよ。自分とははんたいのことをゆった人のはつげんがすごいと思ったよ。先生がゆったことで自分がさけになったみたいだった。（女子）

■くまやいろいろのどうぶつに、ひっかかれたりして、きずだらけのさけじゃ、しにそうだったし、いたくていたくて、がまんもできないほど、いたいから、かわいそうだな～っておもった。（女子）

■めすはたまごをうむから　おすがあなをほってる。五十せんちぐらいだから　おすが三十せんちあなをほって　めすが二十せんちほって。（男子）

■さけはさいごの力をふりしぼって卵をうむってすごい。さけはオスは卵をうまないのに　お手つだいをしてるってすごい。さけはきずがすごいあるのに卵をうむってすごい。さけはえさをたべないで卵をうんだりできないと思う。（男子）

■　さけがここまでして　あかちゃんをうむのは、きょうはじめてしりました。なんかきゅうにさけを食べるのがかわいそうになっちゃった。（女子）

■　さけはメスとおすがいてこそたまごがうめる。（男子）

この後、サケの模型を使ってメスが穴を掘る様子とオスが周りで守っているところを演じてもらい、産卵場面のＤＶＤを見て終わりました。

## （5）さけのからだ

冬休みが明けると、サケの稚魚も銀色がかってきました。水槽の中をよく周り泳ぐ姿も勢いが増してきました。

サケの卵がきてからかずしはサケに夢中でした。廊下に置いてある水槽のなかでサケの稚魚が泳いでいます。授業が始まってもかずしは気になってしかたがありません。どうしても稚魚のそばに行きたいというので、よく見て来なさいと言って廊下に行かせました。彼は稚魚の動きをじっと見つめていました。「あのねに書く」と言って書いてきました。

一月九日　さけのこと

さけの水そうをみた。さけのおなかがぎん色にひかってた。さけの子どもと目があった。
さけの口をみた。ずっとパクパクうごかしてた。えさを食べたのかなっておもった。

みんなあつまってガラスめがけてとっしんしてた。おもしろかった。

さけは一ぴきだけ上にあがってえさをたべそうだったけど　たべなかった。

おんどは、十どだった。おんどけいをしらべた。

ひかげでやすんでるのもいた。すなのところでやすんでるのもいた。

グミのようなものをつけていて　その一ぴきだけまだグミのようなものが大きくておよげないのがいた。

一ぴきだけ色がちがくて、おうどいろのさけがいた。

みんなげんきだった。


稚魚の一匹一匹の様子を見て書いています。元気に泳いでいるものだけでなく、泳げないサケの稚魚がいることも見ていました。

説明文のサケの学習は終わっていましたが、これで終わりにしたくありませんでした。サケの絵を描いて最後はやはり食べたいと思っていました。

一月に入るとサケは手に入りにくくります。私はメスがほしかったのです。卵を数えるためです。残念ながらオスでしたが、栄養士さんの助けがあって北海道から大きなサケが届きました。絵を描いた後、保護者にサケをさばいてもらいました。

四時間目。家庭科室へ入ったとたん、「うっ、このにおいは!?」「くさい」「くさい」と、子どもたちは連発していました。保護者の方は、指を真っ赤にして、「三角になっているのが、心臓、この白いのが白子。

ここのおしりの穴から、白い液が出てくる。この赤黒いのが　肝臓」オスのサケの体の中を切って、説明してくださいました。

一月十五日

はっけんカードより　サケの体　（男子）
においをかいだら魚らしいにおいがした。さわったらつめたかった。
かわをさわってもにおいはなかった。おびれをさわったら、おびれがかたかった。
しらこは、プヨプヨしてた。モンスターみたいだった。
おびれをしばらくさわってたら、ぬるぬるが手についた。
目でみたところ、目がまわっていたみたい。

はっけんカード　　サケの体　（女子）

しんぞうのよこのは、まるでせんすみたいだった。お母さんの手は、さけのちがついてた。みためより内がわのほうが　においがすごいした。

友だちは黒いところをさわって「すげーきもちいい」って言っている。

サケのかわもぎん色だった。キラキラなかわだなっと思いました。

しんぞうが、おもしろかった。なぜかって、きょだいなっとうに　みえたからだよ。

くさいにおいだけは、いやだな。

このサケはチャンチャン焼きにしてみんなで食べました。野菜の嫌いな子も何杯もおかわりして子どもたちは満足でした。水槽で育てた稚魚は、保護者も参加して多摩川へ放流しました。自宅でサケを育てて観察を続けていた子のサケは元気よく泳いでいました。家でお母さんと一緒に、観察新聞を書きながら参加した子もいました。

サケの一連の学習は、手で触ったり臭いをかいだりして感じたサケと自分とのやりとりから事実をつかもうとしたこと、子どもどうしのやりとりから、違う意見を受けとめ受けとめられる関係が見られるようになったこと、子どもの疑問は次への意欲であることを私に教えてくれたのでした。

# 終章　自由な表現が生み出す子どもの育つ力

学校では、団塊世代の大量退職に伴い、新卒を始め若い教師たちがたくさん入ってきました。新採用で教師になられた方の中には、期限付き採用とか臨時採用と言われる方々が、現場で本採用と同質の仕事をし、将来への身分保障が十分ではありません。初任者には、年三〇〇時間近い初任者研修が義務づけられ、それが終わると、二年次、三年次、四年次研修と続きます。さらに十年ごとの免許更新が実施され、該当者は、その研修もやらねばならず、自主的民主的な教育研究会へ参加することにも困難をきたしています。

東京では、新たな中間管理職層として、主幹の他に、主任教諭制度が導入されました。それまで、校内で決めていた学年主任や他の主任とは違い、給与体系が他とは異なる層です。これで学校がピラミッド型の体制になりました。都教委からのパンフレットには、一つ上を目指すのが、あなたのライフサイクルですと、子どもに目を向けるより自身の出世コースに乗り遅れないようにすることが教師の使命であるかのような謳い文句が並んでいます。

二〇〇八年三月に新学習指導要領が発表され、本格実施の前倒しで各学校では、授業時数を増しました。移行期の教育課程の編成により、授業時数を確保するため祝日・休日授業、夏季冬季休業の短縮がおこなわれています。学力向上を旗印に、教師は研修と報告に追われ、子どもたちは自由な時間を奪われ、日々、あえいでいるのが今の学校の姿と言えます。

## 1　貧困化の進行と子どもたち

### （1）「貧困は自分自身からの排除」

はけんぎりの実態

六年　みどり

夕がた、ＴＶを見ていると
はけん切りの事が特集されていた
ＴＶでは四人もの子どもを
女手ひとつで育てている人の生活が
放送されていた。
冷蔵庫は中スカスカで
家も出なければいけない
状態だった。
市役所に行っても、
対応してもらえなかった。
日本人には、
こうゆう人が何人もいる。
政府は何をしているんだ!!　（＊1）

みどりさんは、物に不自由しない生活をしている自分の幸せとは何だろうと、課題を持ち続けていました。この詩をクラスで読み合った時、自分が働くようになったら、同じようなことが起きないか不安を持った感想がありました。一方で、「自分で派遣社員を選んだのだから、不景気で首を切られるのは仕方ないよ。」という子どももいました。憲法学習と重ねて、社会の現実に目を向けていく学習の入り口になったと、担任の伊藤和実さんは話してくれました。

貧困に落ちていく、その背景の一つに、自分自身の排除があると、湯浅誠は、『反貧困』のなかで次のように述べています。「何のために生き抜くのか、それに何の意味があるのか。何のために働くのか、そこにどんな意義があるのか。そうした当たり前が見えなくなってしまう状態を指す。しかも、それが自己責任論によって、あなたのせいと片付けられ、さらに本人自身がそれを内面化して、自分のせいととらえてしまう。その場合、人は自分の尊厳を守れずに、自分を大切に思えない状態にまで追い込まれる。」（湯浅誠『反貧困』岩波新書　六一頁）

## （2）人間の尊厳の回復を

貧困は、九十年代以降の政府の政策によって構造的に生み出されてきたものです。母子世帯の半数以上が貧困層に陥り、苦しい生活を余儀なくされています。この人間としての尊厳を守れない状態、この貧困化の中に、クラスの子ども、親たちが、毎日生活しているのではないでしょうか。

人間の尊厳を守れない状態は、子どもにとっては、学力競争社会における低学力が、本人の自己責任とされてしまうのです。成績が悪かったり行動が消極的だったり、学校に適応できないことまでが、おまえが悪いと、本人の自己責任にされていくように追い込まれていきます。

成績がよいからと安穏としてはいられないのです。一〇〇点をとっても素直に喜べない子どもがいます。

テスト

小三　かとう　かな

テストで
せいせきが
上がっていたのに
心の中で「ハアー。」と
ためいきをついた。
その「ハアー。」は、
自分でも
わけが
わからなかった。（＊2）

子どもの場合、経済的な貧困に加えて学校教育における管理・学力競争による尊厳の破壊から自己をまもることができないという二重の貧困が覆い被さっていると考えられます。

## 2　ことばと表現の変化と新学習指導要領

### （1）生活世界のことばと表現の変化

一つの言葉から具体的な生活を思い起こしたり、想像したりすることが難しくなっているという、言葉と生活の現状があるのではないでしょうか。母語による口移しの体験の未経験も、言葉と感情のつながりを困難にしています。どういうことかというと、子どもは一つの言葉を獲得していくときに、信頼できる大人の人と、物や会話でやり取りをしていきます。そのときに喜びや悔しさ、いろいろな感情を伴った意味ある言葉を、子どもは自分のものにしていきます。そういう体験を経ないで育ってくる子どもが、多くなっているように思われます。人の話が聞けなかったり、言葉で人とつながる実感が持てなかったり、否定語の連発で考えが途中で止まったりする子どもがいると思います。

また、道徳の授業などでは、一つの価値観に沿って授業がおこなわれ、感想を書くことが要求されています。実際に体験していなくても、自分の実感でなくても、文章の最後に、「みんなで努力をしたのでよかったと思います」「私は、優しくしなければいけないと思います」と、決まり文句のようなことばで締めくくっていくような指導もなされています。このような『表現の道徳化』を文部科学省（以下文科省）はすすめようとしています。

## （2）ＰＩＳＡ型学力向上と伝統的な言語文化がセット

### ①新学習指導要領がねらう人間像

文科省の基本的な考え方「生きる力」の中に次のような文言があります。

「いかに社会が変化しようと、主体的に判断し、行動し、よりよく問題を解決する資質や能力」を持つことが「生きる力」であるといっています。「いかに社会が変化しようと」とは、社会の変化に自分から適応していくこと、つまり外界にあわせて生きるということでしょう。自分の気持ちや意思を大事にし、外界に適応できない人間には「生きる力」はないと言っていることと同じです。

新指導要領を先行実施している授業の実際をみてみましょう。

### ②マニュアル（手引き）に沿って

雑多な種類の文章作成技術

ある学校の研究授業でおこなわれた三年生の授業です。[＊3] 本時のめあては、「自分で撮った写真をもとに、表現を工夫して短い言葉で書く」としてパソコンを使って詩を書くことです。

表現の工夫として、

・体言止め。

・対比　二つのものを比べてみる。

・たとえる「～のような」「～みたい」など

・くり返し
・ぎ音・ぎたい語　「ガチャガチャ」「さらさら」
・区切り
・リズム

黒板に掲示してあるこれらを使って詩を作ります。できあがった作品です。

あさがお
雨にも負けない
きれいなあさがお
いろんないろの花をさかせた
あさがお
誰にも負けない
強いあさがお
いろんないろの花をさかせて
ありがとう

これを書いた作者が、「ああ、きれいだなあ」と思って最初に写真を撮った朝顔があると思うのですが、そのときの感動は、どこにいったのでしょう。自分の一番の感動よりも、要求された表現の工夫を入れて書かなければいけないと思って、この子は書いたのです。

詩のことばには、子どもの感動と事実が詰め込まれています。こんな「あさがお」のことを書いた子がいます。

あさがおのめ

かい　あやめ

ねえ、せんせい。
おなじひに
たねをまいたから、
おなじひに
めがでるかとおもったよ。
みんなちがうんだね。（＊4）

「いつ出るのかなあ、いつ出るのかなあ」と、作者は毎日朝顔を見ていたのがわかります。同じ日に植えたのに、芽が出てくるのはみんな違うのです。これは驚きであり、大発見でした。その感動と事実が、詩のことばとなって出てくるのです。この詩は、芽が出る、つまり成長の仕方は一つ一つ、いや一人ひとり違うのだということの感動でもあると思うのです。

### ③文の型トレーニングで表現のパターン化

新指導要領の国語の文言を見てみます。全学年共通していることとして、「言語活動」で指導することが細かく決められています。想像したことを書く、物語を書く、説明の文章を書くというように、書く内容も決められています。そのために資料を集める、構成をつくる。構成と言っても、初めの文と終わりの文が決められていて、その中に当てはめていくような構成の仕方です。そして、発表をし合う。一、二年生については、「読み合う」という言葉になっていますが、三年生以上では「発表し合う」となっています。新たに入ったこととして、伝統的な言語文化と国語の特質に関する事項というのがあります。

表現力を高めるために物語を想像して書かせる、伝統的な言語文化とのセットで古典の文例を模倣して書かせる、新教科書にはこのような教材が取り入れられると考えられます。

今回表現力に力を入れているのは、学力世界一になったフィンランドの『国語教科書』の都合のよいところを模倣して表現力・思考力アップを図ろうとしているからです。詳しくは『作文と教育』(二〇〇九年七月号)をお読みください。

すでにある言葉、ある設問、事柄が全部設定されていて、そこから選んで自分で組み立てるというものです。

伝統文化、言語文化ということのなかで、五年生から随筆を入れています。『枕草子』や『徒然草』の言葉を模倣させたり当てはめさせたりして、「随筆」を作らせるのでしょうか。本来随筆というのは、書き手の自由意思に任されて書いていくものですが、そのようなことは新指導要領の中にはありません。まったく違った意図で、書かされていくことになると思います。

このように見てくると、新指導要領の国語では、表現力をどうとらえているかがわかります。「始めに指示ありき」です。指示されたさまざまな文の形や意図に合わせて、言葉をそこに当てはめていくような作業が、文科省の言う表現力と言えるのではないでしょうか。指導要領に触れて、村山士郎氏は「日々の生活で人間の感情を豊かにする言葉の耕しに役に立つ日記や、生活をつづる指導を敵対視しているので、こんにちの子どもの言葉を真に豊かに育てることにはつながりません。子どもの言葉の変化にどう対応していくかを考える上で、言葉の変化は生活の変化であり、人間の内面、人間の丸ごとの変化である」（村山士郎『豊かなことば育ちが心と学力の基礎』本の泉社・五八頁）と指摘しています。

## 3　子どもたちに自由な表現を

### （1）子どもたちとの共感のルート

#### ①否定的攻撃的言動の内面的意味をとらえる

私たちは、いつも目の前の子どもから出発します。始めに子どもありきです。学童クラブの指導員である亀卦川さんは、「死ね」「たたく」「暴れる」こういう子どもたちと毎日過ごしています。この子たちの生活の背景がわかり、辛さや困難さは予想できても、そこに生きる子どもたちの心に手を届かすことができずに日々悩んでいます。私たちも同じような思いで、日々実践していると思います。ですけど、話せる雰囲気のなかで出てくる言葉があるのだということに、この方は気付いていきます。

「純が『死ね』と言った時には、『また言っているなあ』って聞き取れるのに、そうでない時には、聞いているのに聞こえていなかったかもしれません。聞くべき話とそうでない話を、勝手にこちらで振り分けて」（＊5）子どもが本当に聞いてほしい言葉を聞き逃していたのかもしれないというのです。子どもとの何気ない会話の中に、ふっと本音が語られることがあります。束縛されない安心した雰囲気が、子どもの堅い心を和らげてくれることを教えてくれます。

**②どんな現れ方をしても　表現はその子自身、固有のもの**

子どもがさまざまな仕方で表現する時、そこにどんな意味を子どもは見いだしているでしょうか。子どもを捉える時、書きことばや話しことばはもちろんですが、それだけではなく子どもが発することばや声、表情や身振り、動作など子どもの全身を通して、その子の認識や思考、心の状態が表現されていることを捉えなければならないと思います。

朝、給食、帰り以外はほとんど教室には居られない子どもを受け持った時のことです。突然教室に戻ったかと思うとすぐに出て行く、人なつこいがこだわりの強い面も持ち合わせ、自分のしたいように行動していました。「見放さないで」と母親にしがみつく姿を通して、孤立からくる不安感が常にあり、そこから逃れられないから、もがき苦しんでいたということが、この子の表現の奥にあったのだと気づかされたのです。

**③読み合う授業を子どもの視点から**

子どもが子どもをとらえる視点から、読み合いを考えてみたいと思います。読み合いの授業のなかで、教師が詩や作文を選んで学級の子どもと読み合い、共感し合ったり励まし合ったりする、そこに子どもと子ども、教師と子ども、親と子どもたちの共感の輪が広がっていく。このような実践を私たちは積み重ねてきています。

教師が作品を選ぶのではなく、子どもが作品を選んで読み合いをする、そんな授業もおこなわれています。グループで、自分たちで選んだ作品を読み合い、その中の作品をまたクラスで読み合っていきます。そこでは、教師の知らない子どもの生活や思いが話し合いのなかで出されてきます。このような作文や詩の読み合いには、子どもが子どもをとらえる視点から、他者への理解や相互のつながりを子ども自身によって深めていく可能性が含まれていると考えられます。

新指導要領でも、伝え合う活動の一つとして「発表し合う」ことを重視しています。そこでは指示された内容で文章が書かれているか、表現が工夫されているかというようなことを発表していくことになると、文章の善し悪しを言い合うことになりかねません。

## （2）ことばを生み出すからだと心

### ①感情がことばになる時

一年　まさき

あたたかい
きょうも　あたたかい
うれしかった。

まさき君が十一月に転入してきたときには、平仮名を読んだり書いたりできませんでした。ほかの子たちは、もう「あのね」を書いたり、読み合ったりしている時期です。一文字一文字平仮名学習を続け、通信に載っている「あのね」をよく聞いていました。作文の時間には覚えた平仮名や漢字を「あのねノート」に書くようになりました。彼の話を文字の横に小さく書きとめて読むことを続けていました。

三月の暖かい日。テスト用紙の裏に書いてきたのが「あたたかい」の詩でした。この子の心のなかで、一つ一つのばらばらな文字が意味のある言葉となって、子どもの内面に膨らんでいったとき、初めてそれが言葉として外に出てきたのでした。だから、わき上がってきた感情が言葉になるのだと思います。言葉は、形に当てはめる道具ではありません。自由な表現が、子どもの中に自分で育つ力を生み出していくのだと思います。

## ②書きことばは内言を豊かにし、内言を豊かにすることが思考力を育てる

幼児期に見られる自己中心的ことばは、やがて、「内言への移行、成長転化が行われる」(ヴィゴツキー『思考と言語』新読書社　三八一頁)ことをヴィゴツキーは述べています。入学した子どもたちはさまざまな集団の体験活動を経験し、心の中のことば(内言)を豊かにしていきます。そして獲得した文字による自己表現が、書きことば(外言)としておこなわれていきます。

「内言は、自分へのことばである。」ので(同三七九頁)、「外言におけるよりもはるかに多くの意味を積みこんでいる。」(同四一九頁)のです。「言いかえれば、内言では巨大な意味内容を一つの単語の器に注ぎこむことができる。」(同四一九頁)とも言えます。

次の詩の「おっか　ごめん」に込められた作者の内面での思いは、憎まれ口ばかりきいている自分が、母の苦しみと我が子を抱いた喜びを理解した時、苦しんで産んだ母に対して、思わず表出されてきた「こころのことば(内言)です。お母さんには語られなかったことばです。」(前掲書『豊かなことば育ちが心

と学力の基礎』一三二頁）「表現活動によって内言に事実と感情がつめこまれ、内面にしまい込まれるのです。そうすることによって、作者は、このお母さんへの思いを生涯大事に保つことができるようになるのです。」（同一三二頁）

おっか　ごめん

青森県　六年　白塚　宗太郎

おれを産んだおっ母は、
二十四時間、陣痛で苦しんだ。
おっ父もばっちゃんも
すごく心配したそうだ。
おっ母は、
産まれたばっかりのおれをだっこして、
ああ、幸せ！
と思ったそうだ。
苦しんで産んだのに、
生意気な口ばっかりきく
最近のおれ。
この話を聞いていて、
耳がぼわっと熱くなった。

（日本作文の会編『日本子ども文詩集二〇〇七年版』）

### ③詩を読むことの教育力

大東大学村山ゼミナールの学生と日本作文の会常任委員会で「学年別子ども詩集」の編集に取り組んでいます。

学生たちは、それぞれ担当した学年の詩を自分の感性で選び、ゼミの仲間から意見をもらい、討論を重ねていきました。決意表明的できれいに整っている詩から子どもの心が見えてくる詩を選ぶように、詩の読み方も変わってきました。一人ひとりが詩と向き合い、自由な討論のなかで、内言を豊かにすることができ、そのことが学生自身を育てていったのだと思います。

〔注〕

＊1　文集『ハッピーフレンズ』伊藤和実学級

＊2　日本作文の会編『子ども文詩集二〇〇四年版』百合出版

＊3　常任委員会論文『人間らしさを育てる豊かなことばと表現』第三章「新学習指導要領と授業の実際」

＊4　『明日の授業に使える小学校国語書くこと』佐藤美知子・伊藤和実　大月書店　五頁

＊5　常任委員会論文『人間らしさを育てる豊かなことばと表現』第四章

# あとがき

昨年の三月に三十八年間の教師生活を終えました。私の手元にタイプライターで打たれた小冊子『親が子に語る戦争体験』があります。大学を出たばかりの新卒教師に受け持たれた三年生の父母が、子どもたちのために、戦争体験を綴り、父母の協力により一冊の小さな本ができました。私は、はじめのページに「人間が精一杯生きようとした記録として、子ども達の前に提示しよう」「平和な社会を築いていく人間に成長していくことを願って」と書いています。昭和二十二年に公布された教育基本法の前文の「個人の尊厳を重んじ、真理と平和を希求する人間の育成を期するとともに、普遍的にしてしかも個性豊かな文化の創造をめざす教育」の担い手になっていくことが私の教育の原点でした。

本書は、地域も学校も違う二校の六歳から八歳の子どもたちの記録です。入学してからの一、二年間の子どもは、小学校生活のなかでは、幼児期から児童期へと、大きな変化を遂げます。六歳の子どもは、入学と同時に今までとは違う〝ことばの社会〟に足を踏み入れます。話しことばや書きことばを通して、自己を語り他者を理解して、他者とのコミュニケーションを築いていきます。それまでの子どもの生活体験や生活感情の違いはあっても、人とかかわりを持ち、自分を表現していきたいと願っているのが子どもです。かかわり方で相手や自分に対して否定的な感情を生み出してしまうことがあったとしても、子どもは信頼と安心の時空のなかで、自分を取り戻し、自己をつくっていくことができることを子どもたちは示してくれました。そして、この信頼と安心は子どもを共に育てている親たちとの共同によって築かれてきたものでした。子どもをまん中に、親と手を結んで歩んで来られたことを感謝します。

長い教師生活の間には迷うことや悩むことも多々ありました。三十代も半ばを過ぎたころ、子どもとの関係に困難を来すことが起こります。その時に出会ったのが生活綴方でした。大事なのは、常に目の前の子どもから出発し、子どもの生活を見ること、子どもを丸ごととらえることだと、先輩教師から教わりました。地域の作文の会を始め、研究会や作文教育の全国大会に参加し、全国の教師や仲間からたくさん学びました。実践に行き詰まったとき、教育実践研究会のメンバーの支えがあり、共に考えてくれたことは、私を大いに励まし次への実践に向かっていく力を与えてくれました。このような仲間と共に実践を積み上げてくることができました。仲間のみなさん、ありがとうございます。

また実践記録をまとめることを勧めてくださった大東文化大学の村山士郎先生には、温かい助言をいただき、なかなか執筆が進まない私を根気強く励まし続けてくださいました。さらに、これからの生活綴方教育の発展のために広く呼びかけ、基金を設立したことに対しても敬意を表したいと思います。

本書の出版に際してお力添えいただきました本の泉社の比留川洋社長に心よりお礼を申し上げます。

二〇一〇年盛夏　　佐藤美知子

# 教育実践記録書の刊行によせて

日本の教師たちがこれまで書き綴ってきた教育実践記録は、子どものリアルなとらえ方、授業の創造性、教師の生き方など、日本の教育文化を豊かにしてきました。それは、抽象的で翻訳的な教育学を子どもの発達の事実にもとづいた教育学の構築に大きな役割を果たしてきました。なかでも、日本の教師たちによって生み出された生活綴方は、教育実践にとって宝物です。

しかし、日本の教育実践記録は、今日、大きな壁に直面しています。長年、教育実践を担ってきた教師たちが次々に退職していきます。学習指導要領と教科書は、民間教育運動が創造してきた成果を排斥しつづけ、敵対視すらしているのです。また、出版業界の不振は、教育の本が売れないということで、地道な教育実践を本にしていくことが難しくなっています。そこには、教育実践を読める編集者が年々少なくなっていることも影響しています。

こうした諸事情のもとで、現代の子どもと生活に向き合った長編の実践記録が生まれにくくなっています。長編の実践記録を書きながら実践者自身が育っていくことが難しくなっているのです。これでは日本の教育文化は貧困になっていってしまいます。

今日、豊かな実践を記録し、多くの人に読んでいただくためには、公表の機会を自分たちの力でつくっていく協同組合的運動が求められているのです。その要請に応えようとして発案されたのがこの「教育実践記録書の刊行をすすめる会」です。この会は、教育実践記録の出版刊行をおこない、この「会」の運動に協賛する会員は、その普及販売活動に参加してもらうものです。

その基金の元は、発案者の村山士郎の母・村山ひでが残してくれたわずかばかりの資金をもとにしています。戦前・戦後の弾圧に屈せずに、『明けない夜はない』に希望を託し、良心的で民主的な教育実践運動に参加してきた遺志を生かしていきたいと願っています。

こうした私たちの願いを受け止め、協力を引き受けていただいたのが本の泉社です。この場をお借りして、感謝申し上げます。今後、資金の続く限り、教育実践記録書の刊行をおこなっていく計画ですので、ご協力とお力添えをおねがいするものです。

「教育実践記録書の刊行をすすめる会」代表　村山　士郎

＊　なお、この「会」に関心のある方は、左記の住所にご連絡ください。
〒二五二―〇三二八　相模原市南区麻溝台六―一一―一二　村山方
「教育実践記録書の刊行をすすめる会」

●著者紹介

**佐藤　美知子**（さとう　みちこ）

1948年生まれ。東京で38年間小学校教師を勤める。

前日本作文の会副委員長。現日本作文の会事務局。

共著：『明日の授業に使える小学校国語１・２年生』

（大月書店、2007年）



**話《はな》すこといっぱい　書《か》くこといっぱい**

**ひらがな学習《がくしゅう》から広《ひろ》がる学《まな》び合《あ》い**

---

2010年8月20日　初版第1刷

著　者　佐藤《さとう》　美知子《みちこ》

発行者　比留川　洋

発行所　株式会社　本の泉社

〒113-0033　東京都文京区本郷2-25-6

電話 03-5800-8494　FAX 03-5800-5353

http://www.honnoizumi.co.jp/

印刷　株式会社エーヴィスシステムズ

製本　合資会社　村上製本所

---





ISBN978-4-7807-0633-8